# DAPHNE'S DIARY
## KOCHEN, BACKEN UND BRATEN
### MIT JUTTA LEDER

Liebe Freundinnen, liebe Freunde,

ich habe Jutta Leder, die Verfasserin dieses Kochbuchs, vor einigen Jahren übers Internet kennengelernt. Ich war auf der Suche nach schmackhaften, vor allem aber gesunden Gerichten. Ihre Art zu kochen und dabei auf künstliche Zusatzstoffe und Aromen zu verzichten, sagten mir sofort zu.

Inzwischen lässt sich Jutta für jede Ausgabe meiner Zeitschrift "Daphne's Diary" ein fantastisches Gericht einfallen, das sie auch zubereitet. So kamen wir gemeinsam auf die Idee, ein Kochbuch herauszugeben. Und ich finde, das Ergebnis kann sich sehen lassen. Ich habe zu Hause schon einige Gerichte nachgekocht und kann euch versichern, dass eines so köstlich schmeckt wie das andere.

Ich wünsche euch viel Spaß beim Kochen, Backen und Braten mit Jutta.

Alles Liebe, Daphne

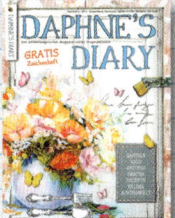 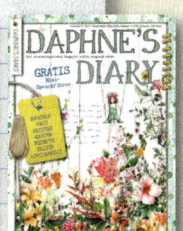 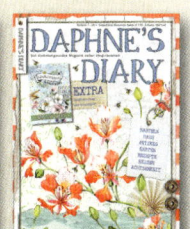 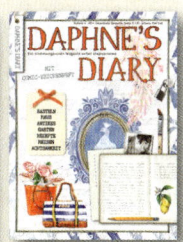

# INHALT

- 001 Vorwort Daphne
- 002 Inhalt
- 004 Hallo, ich bin Jutta
- 006 Übersicht

**008 GRUNDREZEPTE**
- 010 Tomatensauce: Grundrezept vieler Pastagerichte
- 013 Mehlbutter: Grundrezept
- 014 Gemüsebrühe selbst zubereiten
- 016 Eine eigene Schürze gestalten
- 018 Tomaten-Mango-Chutney
- 019 Cranberry-Granatapfel-Chutney
- 021 Salat-Dressing: Grundrezept

**022 SUPPEN**
- 025 Tomatensuppe mit Hörnchennudeln und ausgelassenem Speck
- 026 Wärmende Hühnersuppe für die kältere Jahreszeit
- 031 Cremige Kürbissuppe mit Kichererbsen
- 032 Beschwipste Rosenkohlsuppe mit Gin
- 036 Putenspieße mit Kräutern und cremiger Bohnen-Süsskartoffel-Suppe

**038 FLEISCH & GEFLÜGEL**
- 040 Orientalisches Gulasch
- 042 Gefüllte Zucchini mit Parmesancrumble
- 045 Fleischküchle
- 046 Hähnchenschlegel mit Blattsalat, gegrilltem Paprika-Hummus und Süßkartoffeln
- 048 Wein? Aber welches Glas?
- 050 Indisches Low-Carb-Curry mit Blattspinat
- 052 Gefülltes Putenschnitzel mit Tomaten und Mozzarella
- 054 Buntes Salat-Allerlei mit paniertem Parmesanschnitzel
- 056 Mediterrane Hähnchenkeulen
- 058 Indisches Chicken-Korma
- 060 Putenbrust mit Weintrauben in einer cremigen Balsamicosauce
- 062 Sweet Potatoes

**064 SALATE**
- 066 Bunter Blattsalat mit schwäbischen gerösteten Maultaschen
- 068 Rustikaler Kartoffelsalat mit Schwarzwälder Schinken
- 071 Der gedeckte Tisch
- 073 Tomatensalat mit Putenbruststreifen und Basilikumvinaigrette
- 074 Sommerlicher Blattsalat mit Feigen
- 075 Kräuter
- 076 Handlettering
- 077 Reissalat mit gebratenem Spargel und cremigem Avocado-Dip
- 081 Aprikosen-Kichererbsen-Salat

**082 VEGETARISCHES**
- 085 Gesunde Heckengäu-Linsen als bunter Salat mit Orangen und Granatapfel
- 086 Kartoffel-Hummus mit winterlichem Rotkraut-Belugalinsen-Salat
- 088 Cremiges Karotten-Hummus mit Schafskäse und geröstetem Brot
- 090 Gegrillte Auberginen
- 093 Messer
- 094 Gegrillte Tomaten mit Parmesancrumbles aus dem Backofen
- 096 Verdura Mista: Gegrilltes Gemüse mit Mozzarella

**098 PASTA UND MEHR**
- 101 Muschelnudeln mit Basilikum und Pistazien-Pesto
- 102 Pizza mit Tomaten, Parmaschinken und cremigem Burrata
- 105 Pasta mit eingelegten Oliven, Tomaten und gebratenem Fenchel
- 106 Spaghetti mit Rote-Linsen-Bolognese
- 108 Mediterraner Nudelsalat
- 110 Pasta: rund, dünn, dick, krumm, lang, gebogen, klein …
- 113 Saftige Low-Carb-Zucchinipizza
- 114 Bruschetta

| | |
|---|---|
| 116 | **FISCH** |
| 118 | Steinbeißer alla Puttanesca |
| 121 | Fangfrischer Oktopus mit Kirschtomaten |
| 124 | Gemüse-Zoodles mit Lachs |
| 126 | Gebratener Thunfisch mit Spargel, Erbsen und Rucola |
| 128 | Frische Dorade auf sommerlich buntem Gemüsebett |
| 130 | Gegrillter Lachs mit Baby-Blattspinat und bunten Cocktailtomaten |
| | |
| 132 | **SÜSSE LECKEREIEN** |
| 134 | Brombeeren mit Ziegenkäse |
| 136 | Süße Erdbeertiramisu-Torte mit fruchtiger Mascarponecreme |
| 138 | Weiße Mousse au Chocolat mit Zimt-Pflaumen |
| 142 | Supersaftiger Rhabarber-Auflauf mit Kardamom |
| 145 | Mousse au Chocolat |
| 148 | Cremiger Apfel-Quark-Kuchen |
| 151 | Pancakes, nicht nur zum Frühstück |
| 152 | Roter Fruchtsalat mit Löffelbiskuits und Vanillepudding |
| | |
| 154 | **WAS & WO** |
| 156 | Impressum |

Ich koche leidenschaftlich gerne und verwende dabei keine künstlichen Zusatzstoffe oder Aromen. Auf meiner Webseite www.diekuechenlounge.de findet ihr noch viele weitere Köstlichkeiten.
Guten Appetit!

# HALLO, ICH BIN JUTTA.

Ich liebe gutes Essen und möchte euch mit diesem Buch animieren, euch immer mal wieder Zeit zu nehmen, um gesunde und bewusste Gerichte zuzubereiten und sie mit der Familie oder auch allein an einem schön gedeckten Tisch zu genießen. Ich mache das am liebsten mit meiner Familie, mit der ich im schönen Schwabenland in der Nähe von Stuttgart lebe. Bei all meinen Rezepten verzichte ich auf künstliche Zusätze und Aromen, aber sie sind trotzdem ganz schnell und einfach zuzubereiten.

Die offene Küche unseres Hauses ist das Herzstück, der Mittelpunkt und Treffpunkt für uns. Man findet gemeinsam Zeit, über die Dinge des Tages zu reden, das Erlebte zum Ausdruck zu bringen, zu diskutieren und zu lachen und manchmal auch traurig zu sein. In unserer heutigen schnelllebigen Zeit kommen diese schönen Dinge leider zu kurz!

Wir lieben es, auf Wochenmärkten die saisonale Vielfalt an heimischen Produkten anzusehen, sich inspirieren zu lassen und mit diesen dann zu kochen. Gerne koche ich jeden Tag neue Dinge, mit frischen, saisonalen und regionalen Zutaten von heimischen Erzeugern, ob mediterrane, schwäbische oder orientalische Geschmacksgeheimnisse. Bei all dem ist es mir sehr wichtig, auf eine ausgewogene und abwechslungsreiche Ernährung zu achten.

Mit diesem Kochbuch möchte ich meine Leidenschaft fürs Kochen und das Fotografieren mit euch allen teilen - mit schmackhaften Rezeptbildern - die im Kopf bleiben, den Gaumen kitzeln und den Magen erreichen!

*Jutta Jeder*

## VEGETARISCHES

Seite 84 · Seite 86 · Seite 88 · Seite 90

## PASTA UND MEHR

Seite 94 · Seite 96 · Seite 100 · Seite 102 · Seite 104

Seite 106 · Seite 108

## FISCH

Seite 112 · Seite 114 · Seite 118 · Seite 120 · Seite 124

## SÜSSE LECKEREIEN

Seite 126 · Seite 128 · Seite 130 · Seite 134 · Seite 136 · Seite 138

Seite 142 · Seite 144 · Seite 148 · Seite 150 · Seite 152

# Grund-
# rezepte

# TOMATENSAUCE
## *Grundrezept vieler Pastagerichte*

## Tomatensauce
## Sugo di pomodoro

Für alle Freunde der italienischen Küche habe ich das Grundrezept für eine superleckere Tomatensauce oder Sugo, wie man sie im Italienischen nennt.

Vermutlich wurde die Tomatensauce in Süditalien im 18. Jahrhundert erfunden. Man könnte meinen, dass die Zubereitung einer richtig guten Tomatensauce eine sehr aufwändige Angelegenheit ist. Falsch, es ist kinderleicht, das Geheimnis liegt darin, dass man ihr nur ein wenig Zeit geben muss!

> Wusstet ihr, dass die Tomatensauce als eines der beliebtesten Gerichte auf der Welt gilt? Die Tomatensauce ist die Grundlage vieler italienischer Pastagerichte, aber auch für Lasagne und Cannelloni wird sie natürlich verwendet.

Es gibt je nach Region unzählige Varianten dieser Sauce. Teilweise verwendet man nur Tomaten, Zwiebeln, Knoblauch und Basilikum. In anderen Regionen werden Karotten und Sellerie, Zimt, Kapern und sogar Rosinen mitgekocht.

Heute möchte ich euch allerdings das Grundrezept vorstellen, selbstverständlich könnt ihr dieses dann noch nach Lust und Laune abwandeln.

**Zutaten:**
- 1 Dose stückige Tomaten
- 1 Zwiebel, gewürfelt
- 1 Knoblauchzehe
- 1 Karotte, grob gewürfelt
- 2 Zweige Thymian
- 1 Lorbeerblatt
- 1 1/2 TL Zucker
- 1 Zweig Basilikum
- 1 EL Butter
- Salz und Pfeffer
- Olivenöl

1. Die Schale der Zwiebel und des Knoblauchs abziehen. Die Zwiebel würfeln und in etwas Olivenöl in einem gusseisernen Topf bei mittlerer Hitze mindestens fünf Minuten glasig dünsten.
2. Die ganze Knoblauchzehe und die grob gewürfelten Karotten dazugeben, die Hitze erhöhen.
3. Stückige Tomaten, Thymian, Lorbeerblatt und Zucker dazugeben, mit etwas Salz und Pfeffer würzen und mindestens 40 Minuten bei mittlerer Hitze und geschlossenem Deckel leicht köcheln lassen.
4. Nach dieser Zeit den Topf von der Herdplatte nehmen.
5. Kalte Butter und den Basilikumzweig auf die Tomatensauce legen und mit geschlossenem Deckel mindestens nochmals eine halbe Stunde ruhen lassen.
6. Danach werden der Knoblauch und die Thymianzweige herausgenommen. Alles gleichmäßig mit einem Pürierstab mixen und nochmals abschmecken.
7. Vor dem Servieren die Tomatensauce nochmals erwärmen.

*Tipp: Wenn ihr gleich die doppelte Menge zubereitet, kann diese eingefroren werden und bei Bedarf aus dem Tiefkühlfach genommen werden.*

# MEHLBUTTER
## GRUNDREZEPT

Die sogenannte Beurre manié ist schnell gemacht und lässt sich hervorragend für den Vorrat zubereiten. Im Tiefkühlfach ist Mehlbutter etwa drei Monate haltbar.

Die Mehlbutter ist ideal zum Binden von Saucen.

Ich mache mir immer einen kleinen Vorrat von den kleinen Bällchen und kann diese dann nach Bedarf einfach aus dem Gefrierfach nehmen.

Zum Ende der Garzeit bzw. wenn die Sauce schon fertig abgeschmeckt ist, einfach etwa 20 Minuten vor dem Servieren die Mehlbutter in die Sauce legen und zergehen lassen, eventuell nochmals mit einem Schneebesen die Sauce verrühren, damit sich die Mehlbutter vollständig auflösen kann und keine Klumpen mehr vorhanden sind.

**Für ca. 20 Bällchen**

200 g Mehl, Type 405
125 g Butter, weich

1. Mehl und Butter auf einen Teller geben und so lange miteinander vermengen bzw. verkneten, bis der Teig nicht mehr glänzt.
2. Etwa 20 gleich große Bällchen daraus formen und in einer verschließbaren Schüssel in das Gefrierfach geben.

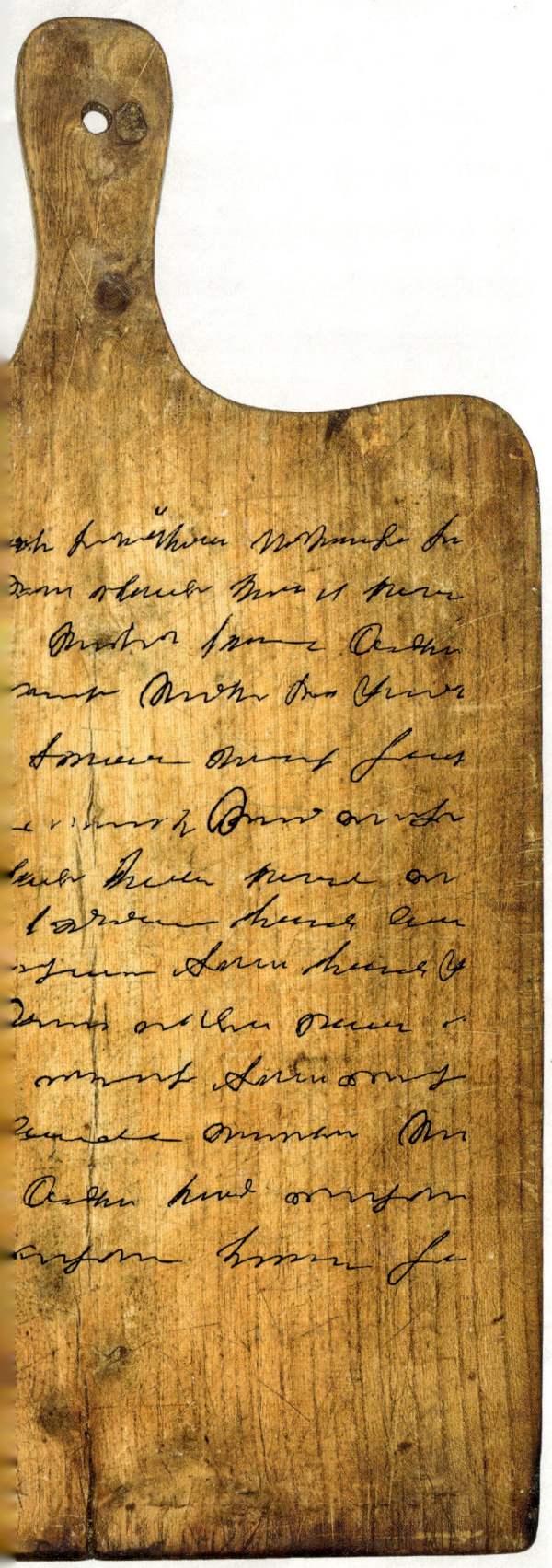

# GEMÜSEBRÜHE
## SELBST ZUBEREITEN

*Die Gemüsebrühe ist die perfekte Basis für alle Suppen, Saucen und Ragouts, dafür könnt ihr Suppengrün und nahezu alle Gemüsereste eurer Wahl verwenden. Ein kleiner Geheimtipp: Ein echter Aromakick ist die Zugabe einer getrockneten Meeresalge.*

*Diese Gemüsebrühe ist eine kostengünstigere Alternative zu teuren, fertigen Brühen oder Fonds, die man im Handel kaufen kann und doch sehr künstlich schmecken.*

Selbstgemachte Gemüsebrühe ist ganz einfach und superschnell zubereitet, zudem kann man sie für unglaublich viele Gerichte verwenden.

1. 2,5 Liter Wasser zum Kochen bringen.
2. Karotten, Lauch, Sellerie und Petersilienwurzel waschen, schälen und in grobe Stücke schneiden.
3. Zwiebeln halbieren.
4. Sämtliches Gemüse mit dem Bund Petersilie und einem Teelöffel Salz in das leicht kochende Wasser geben.
5. Nach rund 20 Minuten, wenn das Gemüse weich ist, die Gemüsebrühe durch ein Sieb schütten und in einer Schüssel auffangen.

```
2,5 l Wasser
2 Karotten
1 Stange Lauch
2 Zwiebeln, mit Schale
1/2 Sellerie
1 Bund Petersilie
2 Petersilienwurzeln
2 TL Salz
```

# Eine eigene Schürze gestalten

Das braucht man dazu:
Baumwollstoff, 70 x 140 cm
Textilband, 3 m
Garn
Textilfarbe
Pinsel
Schnittmusterpapier
Nähmaschine

Beim Kochen darf eine Schürze natürlich nicht fehlen. Diese habe ich für Jutta gemacht. Ein einfaches Modell mit der skizzenhaften Abbildung einer Zucchini.

Alles Liebe, Daphne

# Tomaten-Mango CHUTNEY

1 Zwiebel, klein gewürfelt
4 kleine Tomaten
1 Mango, geschält und klein gewürfelt
2 EL Olivenöl
1 Bio-Zitrone
Chilischote, getrocknet
Salz

1. Zwiebelwürfel im Olivenöl bei niedriger Hitze mindestens zehn Minuten glasig dünsten.
2. Tomaten vierteln, Kerngehäuse mit einem kleinen Löffel entfernen und in kleine Würfel schneiden, zu den Zwiebeln geben.
3. Mangowürfel ebenfalls zu den Zwiebeln geben.
4. Mit einer feinen Reibe die Schale der Zitrone abreiben. Zitrone filetieren und zusammen mit der Schale zu den Zwiebeln geben.
5. Einmal schwenken und von der Herdplatte nehmen.
6. Mit Salz und der Chilischote abschmecken.

# Cranberry-Granatapfel CHUTNEY

1 Zwiebel, klein gewürfelt
2 EL Cranberrys
2 EL Granatapfelkerne
1/2 TL Ingwer, fein gerieben
2 EL Olivenöl
1 Bio-Zitrone
Salz

1. Zwiebelwürfel im Olivenöl bei niedriger Hitze mindestens zehn Minuten glasig dünsten.
2. Cranberrys in kleine Würfel schneiden, zu den Zwiebeln geben.
3. Granatapfelkerne und geriebenen Ingwer ebenfalls zu den Zwiebeln geben.
4. Mit einer feinen Reibe die Schale der Zitrone abreiben. Zitrone filetieren und zusammen mit der Schale zu den Zwiebeln geben.
5. Einmal schwenken und von der Herdplatte nehmen.
6. Mit Salz abschmecken.

Chutneys passen wunderbar zu allen gegrillten und gebratenen Fleischsorten, auch hervorragend zu Fisch.

# SALAT-DRESSING
## GRUNDREZEPT

Dieses Dressing schmeckt zu allen Salaten oder als Beilage zu frischem Baguette.

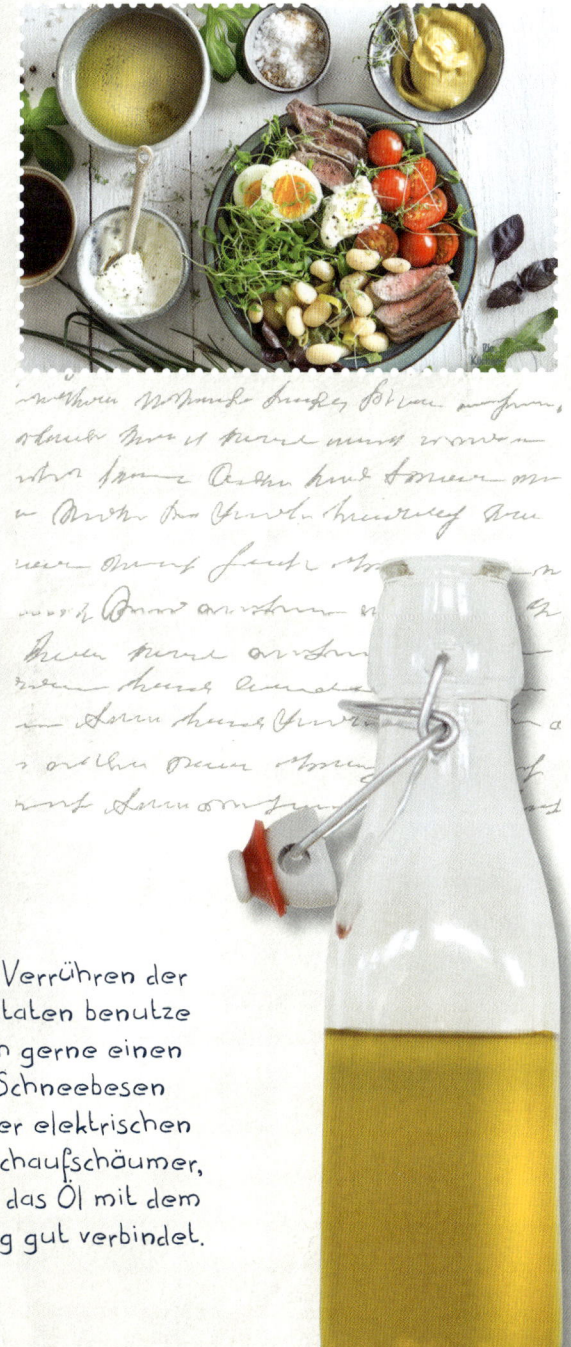

```
Für 1 Salatkopf

6 EL Olivenöl
1 EL Balsamico-Essig (hell oder dunkel)
Wenig Salz, bitte abschmecken
1 Prise Zucker
```

1. Alle Zutaten in einem Glas miteinander vermengen und so lange verrühren, bis sich der Essig mit dem Olivenöl gut verbunden hat und sich das Salz und der Zucker aufgelöst haben.

Es gibt viele Rezepte für Salat-Dressings mit den verschiedensten Zutaten und Ölen, Joghurt, saurer Sahne oder Crème fraîche als Basis. Verfeinert werden diese mit hellen oder dunklen Balsamico-Essigen, mit frischen Kräutern, Zitronensaft, Senf und Gewürzen wie Pfeffer, Paprika oder auch Curry.

Dieses einfache Salat-Dressing passt wunderbar zu allen Blattsalaten, zum Tomatensalat, Gurkensalat oder auch zum Krautsalat. Auf die Farbe des Essigs sollte man allerdings achten. Mischt man ein wenig saure Sahne oder Joghurt dazu, wirkt das Dressing mit einem hellen Essig appetitlicher.

Zum Verrühren der Zutaten benutze ich gerne einen Schneebesen oder elektrischen Milchaufschäumer, der das Öl mit dem Essig gut verbindet.

# Suppen

# TOMATENSUPPE
## MIT HÖRNCHENNUDELN UND AUSGELASSENEM SPECK

**Für 4 Personen**

100 g Bauchspeck, in Scheiben geschnitten
1 Zwiebel
2 Karotten
1 Stange Lauch
1 Kohlrabi
Kohlrabi-Blätter, in Streifen geschnitten
Salz und Pfeffer
300 ml Gemüsebrühe
400 g stückige Tomaten aus der Dose
5 cm Parmesanrinde
2 EL Parmesan, gerieben
2 Zweige Rosmarin
2 Zweige Thymian
2 Lorbeerblätter
200 g Hörnchennudeln
100 g Greyerzer-Käse, in Scheiben geschnitten
1 kleines Baguette, in Scheiben geschnitten

1. Speck ohne Zugabe von Fett in einer beschichteten Pfanne etwa fünf Minuten knusprig anbraten.
2. Gemüse waschen, schälen und fein würfeln.
3. Gesamtes Gemüse zu dem ausgelassenen Speck geben und für etwa acht bis zehn Minuten anbraten, bis es weich ist, mit Salz und Pfeffer würzen.
4. In einen höheren Topf die Gemüsebrühe, stückige Tomaten, Parmesanrinde, Kräuter und das weiche Gemüse geben und bei mittlerer Hitze rund 30 Minuten leicht köcheln lassen, mit einem Deckel verschließen. Nochmals mit Salz und Pfeffer abschmecken.
5. Kräuter und die Parmesanrinde aus der Suppe nehmen.
6. Ofen auf 200° C Ober-/Unterhitze vorheizen.
7. Nudelwasser aufsetzen, salzen, Nudeln dazugeben und nach Packungsbeilage al dente abkochen. In einem Sieb auffangen und zu der Suppe dazugeben.
8. Baguette-Scheiben mit dem Greyerzer-Käse belegen und für etwa zehn Minuten in den Backofen geben, bis der Käse verlaufen ist.
9. Suppe gleichmäßig in tiefe Teller verteilen und mit dem geriebenen Parmesankäse bestreuen, gleich servieren und genießen.

*Da der Bauchspeck sehr würzig ist, muss die Tomatensuppe nur mäßig gesalzen werden.*

# WÄRMENDE HÜHNERSUPPE
## *für die kältere Jahreszeit*

**Für 4 Personen**

3 Hähnchenschlegel
2 Karotten
1 kleine Sellerieknolle
1 Stange Lauch
1/2 Bund glatte Petersilie
2 El Gemüsebrühe
250 g Suppennudeln
Salz

1. Hähnchenschlegel waschen, in 1 1/2 Liter kaltes, gesalzenes Wasser geben und darin etwa 30 Minuten leicht köcheln lassen. Den Schaum, der sich an der Wasseroberfläche bildet, abschöpfen.
2. Karotten, Sellerie, Lauch und Petersilie waschen und klein schneiden.
3. Nach der Kochzeit die Hähnchenschlegel aus dem Wasser nehmen, abkühlen lassen und das Fleisch von den Knochen lösen.
4. Zusammen mit dem Gemüse wieder in den Sud geben.
5. Mit Gemüsebrühe und Salz würzen.
6. Die Suppennudeln kann man separat abkochen oder direkt mit in die Brühe geben und je nach Packungsangabe gar fertig kochen.

Die Hühnersuppe ist ein wahrer Alleskönner. Nach dem Essen fühlt man sich nicht nur innerlich warm und glücklich, sie versorgt den Körper auch mit sehr vielen wichtigen Nährstoffen und hilft ihm, wieder fit zu werden.

# good food
# good mood

*Heute gibt es eine leckere und heiße Kürbissuppe mit Orangensaft. Zusammen mit etwas Ingwer und Kreuzkümmel hat man da ratzfatz eine feincremige und leicht asiatisch angehauchte Suppe gezaubert!*

# CREMIGE KÜRBISSUPPE MIT KICHERERBSEN

1. Kürbis schälen, halbieren und von den Kernen und Fasern befreien, dann in grobe Würfel schneiden.
2. Lauch gut waschen und in Ringe schneiden. Zwiebel schälen und in Würfel schneiden.
3. Kichererbsen abgießen, abspülen und gut abtropfen lassen.
4. Zwei Eslöffel Olivenöl in einem Topf erhitzen. Lauch, Ingwer und Zwiebeln darin glasig dünsten. Den Kürbis dazugeben und kurz mit andünsten. Brühe angießen und alles kurz aufkochen lassen, mit Zucker, Salz und Pfeffer würzen und zugedeckt etwa 30 Minuten leicht köcheln lassen.
5. Inzwischen drei Eslöffel Olivenöl in einer Pfanne erhitzen, Kichererbsen fünf bis sieben Minuten darin anrösten. Paprikapulver, Kurkuma, Kreuzkümmel und Thymian dazugeben und kurz mit anrösten. Mit Zucker, Salz und Pfeffer würzen.
6. Die Kürbissuppe nach Belieben fein oder grob pürieren. Orangensaft und Crème fraîche dazugeben und alles nochmals mit Salz und Pfeffer abschmecken.
7. Geröstete Kichererbsen vorsichtig auf die Suppe geben und mit der Blattpetersilie bestreuen und gleich servieren.

### Für 4 Personen

1 kleiner Hokkaidokürbis
5 EL Olivenöl
1 Stange Lauch
1 Zwiebel
1 Ingwer, daumengroß
1 Liter Gemüsebrühe
200 g Kichererbsen (Glas)
2 Prisen Zucker
1/2 TL Paprikapulver
1/2 TL Kurkumapulver
2 Msp. Kreuzkümmel
1/2 TL Thymian, getrocknet
4 Zweige Blattpetersilie, gehackt
1 Bio-Orange (Saft)
200 g Crème fraîche
Salz und Pfeffer

*Wusstet ihr, dass China das Land der größten Kürbisproduktion der Welt ist und dass die gesamte Welternte im Jahr 2016 26,5 Millionen Tonnen betrug? Außerdem kommt dazu, dass der Kürbis sehr gesund und ein wichtiger Lieferant für Vitamine, Mineralstoffe und sättigende Ballaststoffe ist. Gerade wenn es draußen wieder kühler wird, essen wir heiße Suppen sehr gerne.*

# Beschwipste ROSENKOHLSUPPE MIT GIN

1. Den unteren Teil der Rosenkohlröschen abschneiden und die unschönen Blätter entfernen.
2. Bodendecke eines Topfes mit etwa 2 cm Wasser befüllen. Wenn das Wasser kocht, einen Teelöffel Salz und den Rosenkohl dazugeben, Temperatur etwas verringern.
3. Nach rund 20 Minuten, wenn der Rosenkohl weich ist, diesen mit dem Pürierstab im selben Topf pürieren.
4. So viel Gemüsebrühe dazugeben, bis eine cremige Suppe entsteht.
5. Gin und Sahne dazugeben und mit Salz und Pfeffer abschmecken.
6. Vor dem Servieren ein paar Chiliflocken und Kresse als Topping darüber streuen.

Für 4 Personen

ca. 300 g Rosenkohl
ca. 1 l Gemüsebrühe
ca. 2 El Gin
100 ml Sahne
Salz und Pfeffer
Chiliflocken und
Kresse für die Deko

Suppen sind so einfach zuzubereiten und schnell serviert. Diese Rosenkohlsuppe habe ich mit etwas Gin aufgepeppt und daraus eine wohlschmeckende Suppe kreiert.

35

1. Zwiebel schälen und fein hacken. Die Kräuter waschen, trocken schütteln, die Blättchen von den Stielen zupfen und fein hacken. Die fein gehackten Kräuter salzen und zur Seite stellen.
2. 1 EL Olivenöl in einem Topf erhitzen und die Zwiebel darin langsam andünsten. Mit Weißwein ablöschen, kurz aufkochen lassen. Die abgetropften Riesenbohnen und die grob gewürfelte Süßkartoffel mit der Gemüsebrühe in den Topf geben und bei mittlerer Hitze 20 Minuten köcheln lassen.
3. Das Fleisch waschen und trocken tupfen, jeweils fünf Fleischwürfel auf Holzspieße stecken. Das restliche Olivenöl in einer Pfanne erhitzen und die Spieße darin bei mittlerer Hitze anbraten, bis diese eine schöne Farbe angenommen haben.
4. Mit dem Stabmixer die Bohnen und die Süßkartoffel fein pürieren und den Mascarpone und den Orangensaft unterrühren, mit einer Prise Muskatnuss und Salz würzen. Sollte die Suppe zu fest sein, einfach noch etwas Gemüsebrühe dazugeben und nochmals gut verrühren.
5. Die gebratenen Fleischspieße aus der Pfanne nehmen, in den gehackten Kräutern wälzen und mit der Suppe servieren.
6. Als Topping etwas rosa Pfeffer und ein paar Tröpfchen Sahne daraufgeben.

Für 4 Personen

600 g Putengulasch
1 Zwiebel
Jeweils 4 Zweige Thymian, Basilikum, Oregano, glatte Petersilie
3 EL Olivenöl
50 ml Weißwein
500 g weiße Riesenbohnen (Dose), abgetropft und abgespült
1 Süßkartoffel, geschält und grob gewürfelt
700 ml Gemüsebrühe
2 Orangen, ausgepresst
2 EL Mascarpone
1 Msp. Muskatnuss
Salz, rosa Pfeffer und ein paar Tröpfchen Sahne

*Es gibt über 500 verschiedene Sorten an Bohnen in unterschiedlichen Formen und Farben. Bohnen gehören zu den ältesten Kulturpflanzen und sind in der Ernährung daher tonangebend. Bohnen enthalten sehr viel Eiweiß, und auf vielen Kontinenten gehören die Hülsenfrüchte, vor allem in der ärmeren Bevölkerung, zu den wichtigsten Eiweißlieferanten. Zudem enthalten sie unter anderem viele Kohlenhydrate, Mineralstoffe, Folsäure und Vitamine.*

# PUTENSPIESSE
## MIT KRÄUTERN UND CREMIGER
## BOHNEN-SÜSSKARTOFFEL-SUPPE

*Und eins kann ich euch verraten: Die Kombination aus Spießen und Suppe schmeckt einfach nur unfassbar gut!*

# Fleisch & Geflügel

Dieses orientalische Gulasch kocht sich so gut wie von selbst. Sind erst mal alle Zutaten im Topf, muss es nur noch langsam vor sich hin schmoren.

Besonders gut zu dem Rind passen die Kichererbsen, denn diese verleihen dem Gericht einen leicht nussigen Geschmack.

Optimal wäre die Zubereitung in einer Tajine, denn die Hitze wird dort gleichmäßig weitergeleitet, sodass der Inhalt schonend gegart wird.

Eine große Leidenschaft habe ich für orientalische Rezepte. Rezepte mit für uns vielleicht nicht ganz so alltäglichen Gewürzen und Kräutern ziehe ich definitiv den deutschen Gerichten vor.

# ORIENTALISCHES GULASCH

Für etwa 4 Personen

1 kg Rindergulasch
2 Zwiebeln
1 Dose Kichererbsen (240 g)
1 Dose stückige Tomaten (400 g)
1 Knoblauchzehe
Olivenöl
Schwarzer Pfeffer
2 Gewürznelken, zerstoßen
1/2 TL Zimt
1 Tl Koriander
1/2 Tl Kardamom, gemahlen
1/2 TL Muskatnuss
1/2 TL Kümmel, gemahlen
Salz
Koriandergrün zum Dekorieren

1. Zwiebeln schälen und längs achteln. Knoblauchzehe abziehen.
2. Olivenöl in einem Topf erhitzen und das Fleisch darin rundherum scharf anbraten. Zwiebeln und Knoblauchzehe zum Fleisch geben, zwei Minuten mit anbraten und kräftig salzen. Tomaten zufügen und mit den Gewürzen würzen. Temperatur reduzieren und bei schwacher Hitze eine gute Stunde schmoren.
3. Knoblauchzehe entfernen.
4. Abgespülte und abgetropfte Kichererbsen zum Fleisch geben und alles noch weitere 20 Minuten schmoren.
5. Abschmecken und ggf. nochmals salzen.
6. Vor dem Servieren mit dem Koriandergrün bestreuen.

Traditionell wird dann die Tajine auf den Tisch gestellt und jeder Gast bedient sich aus dem Keramiktopf. Es eignen sich übrigens ebenso gut ein gusseiserner Bräter oder eine Schmorpfanne.

# GEFÜLLTE ZUCCHINI
## mit Parmesancrumbles

Für die Zucchini:

1. Den Schweinerückenbraten in kleine Würfel schneiden.
2. Backofen auf 180° C Umluft vorheizen.
3. Die rote Zwiebel in Ringe schneiden und mit Olivenöl bei kleiner Hitze zusammen mit dem Knoblauch glasig dünsten. Den Schweinerückenbraten (oder alternativ Hackfleisch) dazugeben und zusammen mit der Zwiebel und dem Knoblauch weiter anbraten, mit Salz und Pfeffer würzen.
4. Den oberen Teil der Zucchini abschneiden, damit man einen "Deckel" erhält. Das Innere der Zucchini vorsichtig auslösen und klein geschnitten zu dem Fleisch geben.
5. Salbeiblätter dazugeben und kurz mitbraten, Knoblauchzehen herausnehmen.
6. Das Fleischgemisch in die Zucchini füllen und für etwa 20 Minuten in den vorgeheizten Backofen geben, den Zucchini-Deckel daneben setzen.

Für die Parmesancrumbles:

1. Parmesan reiben.
2. Butter und Olivenöl in einer Pfanne erwärmen und kurz aufschäumen lassen.
3. Paniermehl dazugeben und goldbraun anbraten.
4. Parmesankäse vorsichtig daruntermischen und mit etwas Salz würzen.
5. Zucchini aus dem Ofen nehmen und mit den Parmesancrumbles bestreuen, den Deckel der Zucchini daraufsetzen und servieren.

---

Für 4 Personen

Zucchini

300 g Schweinerückenbraten vom Vortag oder gemischtes Hackfleisch
4 runde Zucchini
2 rote Zwiebeln
2 Knoblauchzehen am Stück
3 Zweige Salbei
Olivenöl, Salz und Pfeffer

Parmesancrumbles

1 EL Olivenöl
1 EL Butter
2 EL Paniermehl
3 EL Parmesan, gerieben
Salz

Anstelle von Zucchini schmecken sicherlich auch Auberginen, Fenchel oder Puprika.

# FLEISCHKÜCHLE

**Für 4 Personen**

800 g gemischtes Hackfleisch
1 Zwiebel, klein gewürfelt
1 EL Olivenöl
120 ml Milch
1 Laugenbrötchen vom Vortag (Salz entfernen), in kleine Würfel geschnitten
1 Ei
5 Zweige glatte Petersilie, fein gehackt
2–3 EL Semmelbrösel
2 EL Butter
Salz

1. Zwiebelwürfel in Olivenöl bei mittlerer Hitze glasig dünsten.
2. Milch dazugeben und kurz aufkochen lassen.
3. Laugenbrötchenwürfel dazugeben und gut vermengen, kurz ziehen lassen.
4. Hackfleisch, Ei und gehackte Petersilie in eine Schüssel geben, Brotmasse dazugeben und gut miteinander vermengen bzw. locker verkneten, mit Salz abschmecken.
5. Sollte der Teig zu feucht sein, Semmelbrösel unterkneten.
6. Gleich große Fleischküchle daraus formen und in eine kalte Pfanne setzen, zwei Esslöffel Butter dazugeben.
7. Herd auf höchste Stufe schalten, Fleischküchle darin braten, bis die Unterseite Farbe angenommen hat, dann wenden und weitere zwei Esslöffel Butter dazugeben und kurz aufschäumen lassen, mit einem Deckel verschließen.
8. Pfanne vom Herd nehmen und die Fleischküchle fünf Minuten darin ziehen lassen.
9. Deckel abnehmen und die Pfanne wieder auf den Herd stellen, Fleischküchle so lange in der Butter nachbraten, bis diese nicht mehr schäumt, dabei die Fleischküchle immer wieder wenden.

*Bei uns im Schwäbischen sagt man Fleischküchle, in anderen Gebieten kennt man diese auch unter Frikadellen, B(o)uletten, Bratklopse, Fleischpflanzerl, Fleischlaberl oder auch faschiertes Laibchen.*

# HÄHNCHENSCHLEGEL
## mit Blattsalat, gegrilltem Paprika-Hummus und Süßkartoffeln

**Für 4 Personen**

1 Dose Kichererbsen
2 rote Paprikaschoten
3 Hähnchenschlegel
1 Süßkartoffel
200 g Schafskäse
1 Kopfsalat
1/2 EL Olivenöl
1/4 TL Paprikapulver
Salz

1. Backofen auf 180° C Umluft vorheizen. Hähnchenschlegel unter fließendem Wasser säubern, auf ein Küchenkrepp legen und trocken tupfen. Die Hähnchenschlegel für 30 Minuten bei mittlerer Hitze in einen mit Wasser gefüllten Topf geben.

2. Die Schenkel aus dem Wasserbad nehmen, abkühlen lassen. Die Haut abziehen und das Fleisch vom Knochen lösen. In mundgerechte Stücke schneiden.

3. Paprika waschen, halbieren, den Strunk und die Kerne entfernen.

4. Süßkartoffel schälen und in Scheiben schneiden. Süßkartoffelscheiben und die halbierten Paprikaschoten mit der Hautseite nach oben auf ein mit Backpapier ausgelegtes Backblech legen.

5. Olivenöl mit Paprikapulver und Salz in eine Tasse geben und verrühren, die Hälfte des Olivenöls mit einem Pinsel auf den Zutaten verteilen, für etwa 20 Minuten im Backofen belassen.

6. Blech aus dem Backofen nehmen und abkühlen lassen. Paprika von der Haut befreien, Kichererbsen in ein Sieb geben und kurz mit kaltem Wasser abbrausen. Zusammen mit den gehäuteten Paprikaschoten in ein Gefäß geben und mit dem Pürierstab zu einer glatten Masse pürieren, mit Salz und etwas Paprikapulver würzen.

7. Kopfsalat waschen und trocken schleudern. Schafskäse in Würfel schneiden. Paprika-Hummus in eine etwas tiefere Schale geben.

8. Hähnchenfleisch zusammen mit den Süßkartoffeln und dem Schafskäse in einer separaten Schüssel mit dem übrig gebliebenem Olivenöl gleichmäßig vermengen. Wer mag, kann noch etwas Balsamico-Essig dazugeben. Auf das Paprika-Hummus setzen und mit dem Kopfsalat garnieren.

*Alle Zutaten auf einen großen Teller oder eine Servierplatte geben und in die Mitte des Tisches stellen, damit sich jeder selbst bedienen kann, oder gleichmäßig auf vier Teller verteilen.*

Tipp: Statt der Kichererbsen aus dem Glas oder der Dose können auch getrocknete gekocht werden. Diese müssen allerdings mindestens zwölf Stunden vorher in Wasser eingeweicht und dann rund zwei Stunden lang weich gekocht werden.

# WEIN?
## ABER WELCHES GLAS?

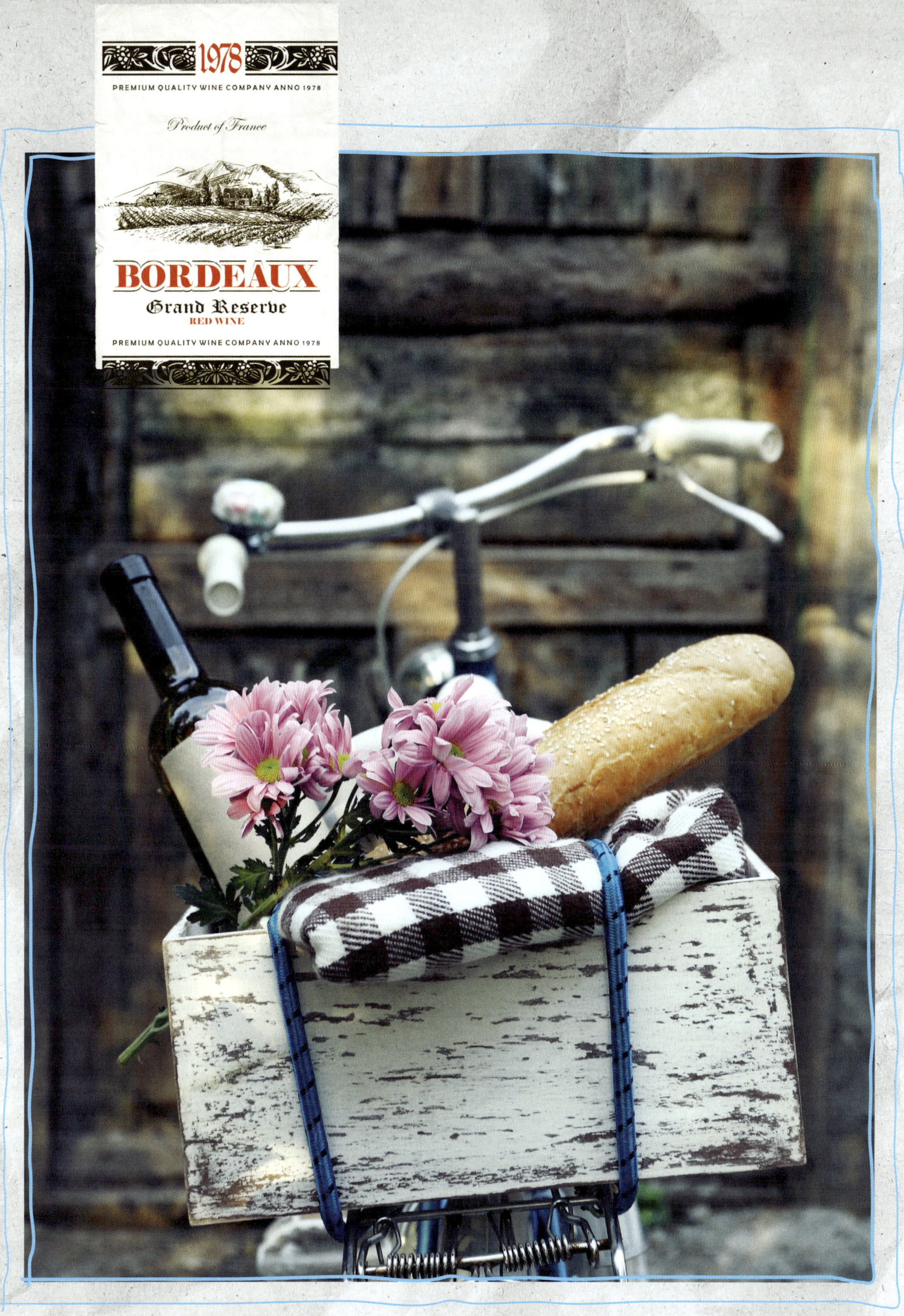
1978
PREMIUM QUALITY WINE COMPANY ANNO 1978
Product of France
BORDEAUX
Grand Reserve
RED WINE
PREMIUM QUALITY WINE COMPANY ANNO 1978

In der asiatischen Küche bedeutet "Curry" eine sämige Sauce mit verschiedenen Gewürzen, die zum Fleisch, Fisch oder auch zum Gemüse gegessen wird.

# INDISCHES LOW-CARB-CURRY MIT BLATTSPINAT

Für ca. 4 Personen

500 g Putengulasch
Olivenöl
3 Frühlingszwiebeln
1 EL Ingwer, gerieben
1/2 Limette (Saft)
1 grüne Paprikaschote, in dünne Streifen geschnitten
4 Würfel TK-Blattspinat, aufgetaut
1 Rispe Kirschtomaten
1 EL körniger Senf
2 TL scharfes Currypulver
400 ml Kokosmilch
Salz
Chiliflocken

1. Den Backofen auf 180° C Ober- und Unterhitze vorwärmen und die Tomaten für rund zehn Minuten hineinlegen.
2. Putengulasch mit ein wenig Olivenöl in einem Bräter braten und leicht salzen.
3. Wenn das Putenfleisch goldgelb angebraten ist, herausnehmen.
4. Das Weiße der Frühlingszwiebeln in Ringe schneiden und zusammen mit dem geriebenen Ingwer, der Paprikaschote, Limettensaft, Senfkörnern und Currypulver bei geringer Hitze kurz andünsten.
5. Das Fleisch zurück in den Bräter geben und vorsichtig mit den anderen Zutaten vermischen.
6. Kokosmilch dazugießen und bei kleiner Hitze etwa fünf Minuten köcheln lassen, bis die Sauce sämig wird. Den Blattspinat hinzufügen und nochmals zugedeckt fünf Minuten erwärmen.
7. Alles vorsichtig mischen und nochmals mit Salz, Currypulver und Chiliflocken abschmecken.
8. Die Tomaten aus dem Backofen nehmen, häuten und in die Sauce geben, mit den übrigen grünen Frühlingszwiebeln bestreuen.

# GEFÜLLTES PUTENSCHNITZEL
## mit Tomaten und Mozzarella

Dazu passen wunderbar Nudeln oder auch Reis.

1. Backofen auf 200° C Umluft vorheizen.
2. Putenschnitzel unter fließendem Wasser säubern, auf ein Küchenkrepp legen und trocken tupfen.
3. Die inneren und äußeren Seiten des Fleisches salzen.
4. Den Frühstücksspeck in einer Pfanne ohne Fett knusprig anbraten, dann herausnehmen.
5. Speck, Tomatenscheiben und den Mozzarella in die Tasche schichten, mit Spießen verschließen.
6. In dem übrig gebliebenen Fett das Fleisch rundherum anbraten, bis es eine schöne Farbe angenommen hat, dann das Fleisch herausnehmen.
7. Paprika waschen, halbieren, den Strunk und die Kerne entfernen und quer in Streifen schneiden.
8. Balsamico-Essig, Tomatenmark und Wasser in die Pfanne geben und die Sauce glatt rühren, mit Salz abschmecken.
9. Das Fleisch zurück in die Pfanne setzen.
10. Kirschtomaten, Paprikastreifen und noch etwas geriebenen Mozzarella neben dem Fleisch verteilen.
11. Für etwa zehn Minuten in den Backofen geben, bis der Mozzarella verlaufen ist.

Für 4 Personen

600 g Putenschnitzel, vom Metzger eine Tasche hineinschneiden lassen
120 g Frühstücksspeck
1 grüne Paprikaschote
10 Kirschtomaten
4 Kirschtomaten, in Scheiben geschnitten
4 EL Mozzarella, gerieben
2 EL Balsamico-Essig
2 EL Tomatenmark
100 ml Wasser
Salz

1. Topf mit Wasser füllen und die Eier sechs Minuten darin kochen. Aus dem Topf nehmen und unter kaltem Wasser abschrecken, zur Seite legen.
2. Blattsalat zerkleinern und in kaltem Wasser waschen, in einem Sieb auffangen und gut trocken schütteln.
3. Feldsalat gründlich putzen und ebenfalls im kalten Wasser waschen, anschließend in einem Sieb gut abtropfen lassen.
4. Radicchio in Streifen schneiden und in lauwarmes Wasser geben, ebenfalls in einem Sieb auffangen.
5. Wachsweiche Eier schälen und halbieren bzw. vierteln.
6. Kirschtomaten halbieren bzw. vierteln.
7. In einer großen Schale oder auf einem großen, flachen Teller die Salate, Eier und Kirschtomaten verteilen.
8. Aus Olivenöl, Balsamico-Essig, Senf und Salz eine Vinaigrette mischen und über den Salat geben.

```
Für 4 Personen

1 Kopf Blattsalat (z. B. Eichblatt,
  Kopfsalat)
100 g Feldsalat
1 kleiner Radicchio
4 Eier, wachsweich
250 g Kirschtomaten
6 EL Olivenöl
1 EL Balsamico-Essig
1 TL Senf
Salz
```

# BUNTES SALAT-ALLERLEI
## MIT PANIERTEM PARMESANSCHNITZEL

1. Putenschnitzel unter fließendem Wasser abwaschen, auf Küchenkrepp trocken tupfen, von beiden Seiten salzen.
2. Auf einem flachen Teller die Eier gut miteinander verquirlen und etwas salzen.
3. Parmesankäse mit den Semmelbröseln gut vermischen, ebenfalls auf einen flachen Teller geben.
4. Putenschnitzel nacheinander durch die verquirlten Eier ziehen, danach im Semmelbröselgemisch panieren, Panade leicht andrücken.
5. Butterschmalz erhitzen, Putenschnitzel darin jede Seite etwa vier Minuten anbraten. Dabei immer wieder mit Fett begießen und die Pfanne leicht bewegen.
6. Die goldbraun gebratenen Putenschnitzel aus der Pfanne heben und auf Küchenkrepp abtropfen lassen.
7. Putenschnitzel quer in Streifen schneiden und auf das Salat-Allerlei setzen.

```
Für 4 Personen

4 Putenschnitzel (à 150 g)
3 Eier
200 g Semmelbrösel
4 EL Parmesan, fein gerieben
150 g Butterschmalz
Salz
```

*Ein übrig gebliebenes paniertes Schnitzel vom Vortag ist ideal für diesen bunten Salat.*

Salat einfach in die Mitte des Tisches stellen, damit sich jeder selbst bedienen kann.

Für alle, die die mediterrane Küche genauso lieben wie ich, habe ich euch heute superknusprig gegrillte Hähnchenkeulen mit viel Rosmarin, Zitrone und Knoblauch zubereitet.

# MEDITERRANE HÄHNCHENKEULEN

**Für 4 Personen**

4 Hähnchenkeulen
3 Zitronen, in Scheiben geschnitten
6 Schalotten, halbiert
6 Knoblauchzehen, mit Schale
6 Zweige Rosmarin
Olivenöl
Salz und frisch gemahlener Pfeffer

1. Hähnchenkeulen waschen und mit Küchenpapier trocken tupfen.
2. Den Backofen auf 180° C Umluft vorheizen.
3. Keulen von allen Seiten salzen, pfeffern und mit Olivenöl einpinseln.
4. In einer ofenfesten Form die Zitronenscheiben, Rosmarin, Knoblauch und die halbierten Schalotten gleichmäßig verteilen und die Hähnchenkeulen darauf setzen.
5. Hähnchenkeulen im heißen Backofen auf die mittlere Schiene geben und nach zehn Minuten mit dem Fleischsaft bepinseln. Nach weiteren zehn Minuten die Hähnchenkeulen nochmals mit dem ausgetretenen Fleischsaft bepinseln.
6. Für weitere zehn Minuten zur Umluft die Grillfunktion des Ofens einschalten, bis die Hähnchenkeulen eine schön knusprige und braune Haut bekommen.
7. Die Hähnchenkeulen aus dem Backofen nehmen und kurz ruhen lassen.

Wenn ich Geflügel zubereite, achte ich sehr auf die Qualität des Fleisches. Über unseren Metzger im Ort weiß ich ganz genau, dass er nur Tiere ankauft, die im Freien herumlaufen durften und auch ein gutes Futter bekamen. Diese Tiere wurden nicht in den kleinsten Käfigen mastgefüttert!

Aus eigener Erfahrung kann ich außerdem sagen, dass man einem guten Stück Fleisch oder Geflügel die Qualität ansieht und auch schmeckt. Unser Motto lautet: Lieber ein gutes Stück Fleisch oder Geflügel teurer bezahlen, dafür aber zufrieden sein!

Das Wunderbare an einem Ofengericht ist, dass es sich so schön vorbereiten lässt. Die mediterranen Hähnchenkeulen werden mit viel frischem Rosmarin, Zitronen, Knoblauch und Zwiebeln im Backofen gegrillt. All diese leckeren Zutaten zusammen in den Backofen gegeben, bringen dann eine gute halbe Stunde später ein wunderbar saftiges und knuspriges Ergebnis zusammen.

*Serviert werden die Keulen mit einem Blattsalat, frischem Baguette und einem Glas Rotwein.*

1. Das Öl in einem mittelgroßen Bräter erhitzen, Zwiebelwürfel und Nelken-Kardamom-Gemisch darin andünsten und glasig werden lassen.
2. Putenfleisch, Knoblauchzehe und den geriebenen Ingwer dazugeben und weitere vier Minuten unter Rühren durchbraten.
3. Die restlichen Gewürze dazugeben, einige Minuten weiterrühren und dabei das Ganze sehr gut durchmischen.
4. Tomatenmark, Hühnerbrühe und Sahne nacheinander einrühren, kurz aufkochen und dann bei kleiner Flamme 15 bis 20 Minuten köcheln lassen, bis eine sämige Konsistenz erreicht ist.
5. Zucchinischeiben hineingeben und kurz erwärmen.
6. Knoblauchzehe herausnehmen und mit Salz und Pfeffer abschmecken.

Für ca. 4 Personen

500 g Putenschnitzel, als Gulasch schneiden lassen
2 EL Olivenöl
1 kleine Zucchini, in Scheiben geschnitten
1 Zwiebel, klein gewürfelt
1 Knoblauchzehe, am Stück
4 Nelken, klein gemahlen
1 Msp. Kardamom-Pulver
1 EL Ingwer, fein gerieben
1 TL Koriander
1/4 TL Piment
1 1/2 TL Kreuzkümmel
1/2 TL Kurkuma
1/2 TL Chili-Flocken
1 EL Tomatenmark
200 ml Gemüsebrühe
200 ml Sahne
Salz und frisch gemahlener Pfeffer

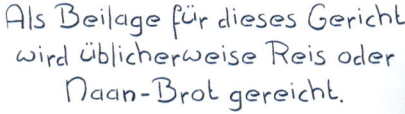

Als Beilage für dieses Gericht wird üblicherweise Reis oder Naan-Brot gereicht.

# PUTENBRUST
## mit Weintrauben
### IN EINER CREMIGEN BALSAMICOSAUCE

*Eine sehr leckere und fruchtige Idee ist es, dem Bratensaft einfach etwas Apfelsaft und guten Balsamico zuzugeben.*

1. Backofen auf 200° C Umluft vorheizen.
2. Putenbrust unter fließendem Wasser säubern, auf ein Küchenkrepp legen und trocken tupfen.
3. Putenbrust längs in insgesamt vier Teile schneiden, mit Salz und Pfeffer gleichmäßig würzen. Den Serrano-Schinken um die Fleischstücke legen, eventuell mit Spießen befestigen.
4. Trauben und Apfel waschen und trocken tupfen. Apfel halbieren, Kerngehäuse entfernen und in dünne Scheiben schneiden. Trauben und Apfel in eine ofenfeste Pfanne legen und für etwa zehn Minuten im Backofen backen.
5. Olivenöl in eine separate beschichtete Pfanne geben, das Fleisch rundum scharf anbraten, bis der Schinken knusprig ist, Fleisch auf einen Teller setzen. Mit dem Apfelsaft ablöschen, den Balsamico-Essig dazugeben und bei schwacher Hitze leicht köcheln lassen.
6. Die sehr heiße Pfanne aus dem Backofen nehmen, Fleisch und den zerbröckelten Schafskäse in die Pfanne legen und die Balsamicosauce dazugeben. Nochmals für etwa fünf Minuten in den Backofen geben.
7. Wegen des Serrano-Schinkens ist ein Salzen normalerweise nicht notwendig, trotzdem nochmals abschmecken. Mit frischen Thymianzweigen bestreuen, gleich servieren und genießen!

Für 4 Personen

2 ganze Putenbrüste
4 Scheiben Serrano-Schinken
1 EL Olivenöl
500 g dunkle Weintrauben
1 Apfel
250 ml Apfelsaft
2 EL Balsamico-Essig
1 Schafskäse, zerbröckelt
Salz und Pfeffer
Thymianzweige als Deko

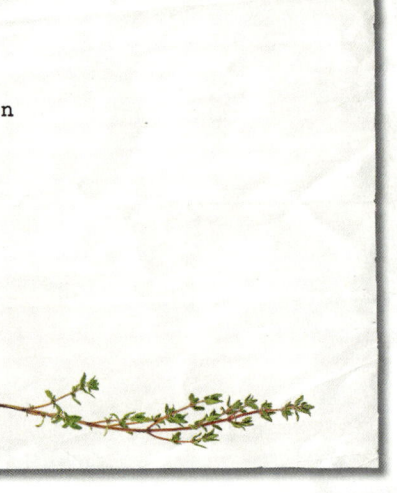

# SWEET POTATOES

## Gefüllte Süsskartoffeln mit BBQ-Sauce

Für 2 Personen

2 Süßkartoffeln
1 TL Olivenöl
350 g gemischtes Hackfleisch
1 Schalotte, in Ringe geschnitten
1 TL Tomatenmark
1/2 TL Paprikapulver
1/2 TL Oregano
1 Espresso
1 TL Trockengewürze zum Einreiben, „Rubs"
5 Zweige Blattpetersilie
1/2 Schafskäse
Salz
Saure Sahne

1. Den Backofen auf 200° C Umluft vorheizen.
2. Süßkartoffeln mit einer Gabel rundherum einstechen und mit Olivenöl bepinseln. Für etwa 40 Minuten auf ein mit Backpapier ausgelegtes Blech legen.
3. In einer beschichteten Pfanne die Schalotte bei mittlerer Hitze langsam anschwitzen.
4. Das Hackfleisch dazugeben, die Temperatur erhöhen und mit einer Gabel krümelig zerdrücken.
5. Tomatenmark, Paprikapulver, Oregano, Rubs, Blattpetersilie und den Espresso dazugeben.
6. Mit Salz abschmecken.
7. Mit einem Zahnstocher testen, ob die Süßkartoffeln fertig sind. Der Zahnstocher sollte ganz leicht durch die Süßkartoffeln gehen.
8. Süßkartoffeln aus dem Ofen nehmen und halbieren.
9. Schafskäse dem Hackfleisch zugeben und in die Süßkartoffeln füllen.
10. Einen Klecks saure Sahne dazugeben.

Tipp: Mahlt ein wenig mehr der Gewürze mit dem Mörser, denn die Reste der BBQ-Rubs könnt ihr luftdicht aufbewahren und habt so für das nächste Mal schon Vorrat.

# BBQ-SAUCE

1 Schalotte
1 Dose stückige Tomaten
1 TL Kümmelsaat
1 TL Senfkörner
1 TL Korianderkörner
1 TL Paprikapulver
1 TL brauner Zucker
1 TL Kaffeepulver, frisch gemahlen
1 TL Balsamico-Essig
1/2 TL Limettensaft

1. Schalotte grob würfeln und mit Olivenöl bei schwacher Hitze in einem Topf anschwitzen.
2. Stückige Tomaten dazugeben.
3. In einem Mörser Kümmelsaat, Senfkörner und Korianderkörner fein mahlen.
4. Etwa zwei Teelöffel der gemahlenen Gewürze zu der Tomatensauce dazugeben.
5. Paprikapulver, braunen Zucker, Kaffeepulver, Balsamico-Essig und Limettensaft dazugeben und mit Salz abschmecken.
6. Mit einem Pürierstab alles gleichmäßig mixen und in eine Flasche füllen.

# BUNTER BLATTSALAT
## MIT SCHWÄBISCHEN GERÖSTETEN MAULTASCHEN

Für 2 Personen

4 frische Maultaschen, beim Metzger vorbestellen
1 Kopf Blattsalat
250 g Kirschtomaten
1 gelbe Paprikaschote
3 Stiele Blattpetersilie
6 EL Olivenöl
1 EL Balsamico-Essig
Salz
Kresse als Topping

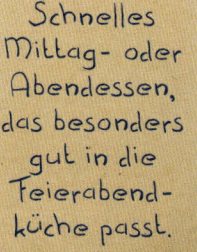

*Schnelles Mittag- oder Abendessen, das besonders gut in die Feierabendküche passt.*

1. Maultaschen in Scheiben schneiden und mit etwas Olivenöl in einer beschichteten Pfanne anrösten, zur Seite stellen und abkühlen lassen.
2. Blattsalat zerkleinern und in einer Schüssel mit Wasser waschen, trocken schleudern.
3. Kirschtomaten halbieren.
4. Paprikaschote waschen, halbieren, Strunk entfernen und quer in dünne Streifen schneiden.
5. Für das Dressing die Blattpetersilie grob zerkleinern. Etwas Salz in eine Schüssel geben, Olivenöl, Balsamico und die Petersilie gleichmäßig miteinander verrühren.
6. Blattsalat in eine Schüssel oder einen tiefen Teller geben, Kirschtomaten, Paprikastreifen und Maultaschen gleichmäßig darauf verteilen.
7. Das Dressing mit einem Löffel darüber träufeln.
8. Als Topping etwas Kresse darüber streuen. Wer mag, kann noch zerbröckelten Schafskäse darauf geben.

1. Kartoffeln mit Schale in einem großen Topf mit Salzwasser in etwa 20 Minuten abkochen.
2. In einem Sieb auffangen, abkühlen lassen und schälen.
3. Kartoffeln in Scheiben schneiden und diese in eine Salatschüssel geben.
4. Blätter von den Radieschen abschneiden, ebenso den Stielansatz. Gründlich waschen, in Scheiben schneiden und zu den Kartoffeln geben.
5. Die Salatgurke waschen, ebenfalls in Scheiben schneiden und zu den Kartoffeln geben.
6. Den Schwarzwälder Schinken in feine Würfel schneiden, zum Salat geben.
7. 200 ml Gemüsebrühe mit dem Gewürzessig kurz zum Kochen bringen, Senf dazugeben, gut miteinander vermengen. Etwa die Hälfte der Brühe über den Salat gießen und vorsichtig vermengen.

# RUSTIKALER KARTOFFELSALAT
## mit Schwarzwälder Schinken

*Dieser Salat kann schon am Vortag zubereitet werden. Dann einfach nochmals mit Essig/Öl und Salz kräftig abschmecken.*

Für 4 Personen

1 kg Salatkartoffeln
1 Bund Radieschen
1 kleine Salatgurke
100 g Schwarzwälder Schinken
200 ml Gemüsebrühe (Grundrezept)
2 TL Senf
2 EL Gewürzessig
6 EL Salatöl
Salz

8. Mit einem Deckel abdecken und alles zehn Minuten ruhen bzw. durchziehen lassen.
9. Salatöl dazugeben und mit Salz würzen.
10. Sollte der Kartoffelsalat noch etwas mehr Flüssigkeit benötigen, einfach noch etwas von der übrigen Gemüsebrühe dazugeben. Eventuell nochmals mit etwas Essig und Salz abschmecken.

# Der gedeckte Tisch

- Tischkärtchen
- Wasserglas
- Dessertlöffel
- Rotweinglas
- Buttermesser
- Brotteller
- Kuchengabel
- Weißweinglas
- Serviette
- Kaffeetasse
- Salatgabel
- Tafelgabel
- Salatteller
- Speiseteller
- Tafelmesser
- Teelöffel
- Suppenlöffel

# TOMATENSALAT
## MIT PUTENBRUSTSTREIFEN UND BASILIKUMVINAIGRETTE

*Im sommerlichen Style macht er sich nicht nur hübsch auf den Tellern, sondern ist auch schnell zubereitet und schmeckt herrlich frisch an heißen Sommertagen.*

1. Putenbrust waschen und trocken tupfen.
2. In eine beschichtete Pfanne etwas Olivenöl geben, die Putenbrust salzen und bei mittlerer Hitze langsam anbraten.
3. Tomaten waschen und quer in Scheiben schneiden.
4. Putenbrust abkühlen lassen, dann in Scheiben schneiden.
5. Basilikumblätter, Olivenöl, Balsamico-Essig und Salz mit dem Pürierstab zu einer Vinaigrette mixen.
6. Putenbrust und Tomatenscheiben auf einem Teller anrichten.
7. Zerbröckelten Schafskäse und Pinienkerne darauf verteilen.
8. Vinaigrette gleichmäßig darüber geben.

Tipp: Schneidet man Tomaten quer zum Stielansatz, sorgt man dafür, dass die einzelnen Tomatenkammern bestehen bleiben. Der Samen hat genügend Halt am Tomatenfleisch und fällt nicht heraus.

*Besonders schön finde ich ja die unterschiedlichen Tomatensorten; ob Fleischtomaten, Flaschentomaten oder Kirschtomaten, ob rot, gelb oder grün. Die Tomate wird auch als Paradeiser oder Paradiesapfel bezeichnet, sie ist eine Pflanze aus der Familie der Nachtschattengewächse. Damit ist sie mit den Kartoffeln, der Paprika und der Aubergine verwandt. Lange wurde sie auch als Liebesapfel oder Goldapfel bezeichnet, daher der italienische Name "pomodoro".*

**Für 2 Personen**

1 Putenbrust
4 bunte Tomaten
4 EL Olivenöl
1 EL Balsamico-Essig
3 Zweige Basilikum
100 g Schafskäse
2 EL Pinienkerne
Salz

# Sommerlicher BLATTSALAT MIT FEIGEN

1. Rucola waschen und gegebenenfalls zerkleinern, gut trocken schütteln. Kirschtomaten und Mozzarellakügelchen halbieren, Feigen in Scheiben schneiden.
2. Alles auf einem Teller oder einer Platte schön anrichten und mit Radicchio-Salat dekorieren.
3. Für das Salatdressing alle Zutaten vermengen und gleichmäßig über den Salat träufeln.

*Das Salatdressing habe ich noch mit einer frischen Maracuja verfeinert, die dem Salat eine ganz besondere, frische und fruchtige Note verleiht, ohne den Feigengeschmack zu überdecken.*

*Schmeckt sehr erfrischend als Vorspeise oder zu gegrilltem Fleisch.*

### Für 2 Portionen

1 Bund Rucola
5–6 Kirschtomaten
5–6 Mozzarellakügelchen
2 frische Feigen

### Für das Dressing
4 EL Olivenöl
1 EL Balsamico-Essig
1 Maracuja
Salz

> Neben den Feigen verstecken sich noch Tomaten und Mozzarellakügelchen; einfach perfekte Begleiter zu diesem Salat. Himmlisch!

# Kräuter

### THYMIAN
*Der Geschmack von Thymian ist einzigartig und lässt sich nicht mit anderen Kräutern vergleichen. Thymian schmeckt pikant, leicht pfeffrig und zugleich lieblich, teilweise sogar leicht süß. Für deftige Fleischgerichte, aber auch für vegetarische Gerichte ist er der perfekte Partner.*

### PETERSILIE
*Glatte Petersilie ist wesentlich kräftiger im Geschmack als die gekräuselte. Besonders gut macht sich glatte oder krause Petersilie in diversen Salaten, in Suppen, zu Fisch- und Fleischgerichten. Die Petersilie gehört zu den Heilpflanzen, sie wirkt dank ihres hohen Vitamin-C-Gehalts belebend und hilft gegen Frühjahrsmüdigkeit.*

### KORIANDER
*Die Samen schmecken würzig, leicht pikant und etwas süßlich. Mit etwas Fantasie erinnern sie ein wenig an eine Mischung aus Orangenschale, Zimt und Muskat. Die Samen verwendet man oft ganz oder gemahlen in der indischen Küche. Koriander passt gut zu Gemüse, Suppen, Saucen, gebratenem Fisch, Fleisch und Geflügel. Korianderblätter werden auch frisch oder getrocknet sehr gerne verwendet.*

### MINZE
*Alle Minzesorten haben einen stark aromatischen bis brennend-würzigen Geschmack. Sie eignen sich nicht nur als Heilkraut, sondern auch kulinarisch; angefangen vom Tee über Süßspeisen bis hin zu herzhaften orientalischen Fleisch- und Gemüsegerichten.*

### BASILIKUM
*Basilikum kann sehr vielseitig verwendet werden und eignet sich nicht nur als Würzkraut, sondern auch als Heilpflanze. Viele italienische Gerichte sind ohne Basilikum kaum vorstellbar. Sein aromatischer, leicht süßlicher und etwas pfeffriger Geschmack ist sehr beliebt. Es kann sowohl in Saucen, zu Fischgerichten, für Kräuterpestos, zu Nudelgerichten als auch zu Salaten verwendet werden. Frischer Basilikum harmoniert perfekt mit Tomaten, Zucchini oder Auberginen.*

### ROSMARIN
*Rosmarin ist ein sehr beliebtes Küchenkraut und passt sowohl zu Fleisch- und Fischgerichten, Salaten und Suppen als auch zu Kartoffel- und Pilzgerichten. Die Nadeln eignen sich vor allem für viele deftige Gerichte und sind frisch oder auch getrocknet geeignet.*

### FRÜHLINGS-ZWIEBEL

*Der Geschmack der Frühlingszwiebel ist im Gegensatz zur Speisezwiebel sehr mild, ihre Stängel besitzen ein feines Laucharoma. Dadurch macht sie sich besonders gut in frischen leichten Salaten und Quarks. Aber auch in der asiatischen Küche wird sie sehr geschätzt.*

### DILL
*Neben Fischgerichten wertet Dill mit seinem milden, krautigen und leichten Geschmack auch viele andere Speisen auf. So wird Dill für zahlreiche Saucen, Salate und Suppen verwendet oder einfach als dekoratives Topping eingesetzt.*

---

In meiner Küche spielen frische Kräuter eine unerlässliche Rolle, denn sie bringen ganz dezent das gewisse Extra in jedes Gericht. Frische Kräuter kann man als gemischtes Bouquet fertig gebunden kaufen oder auch ganz leicht selber anpflanzen.

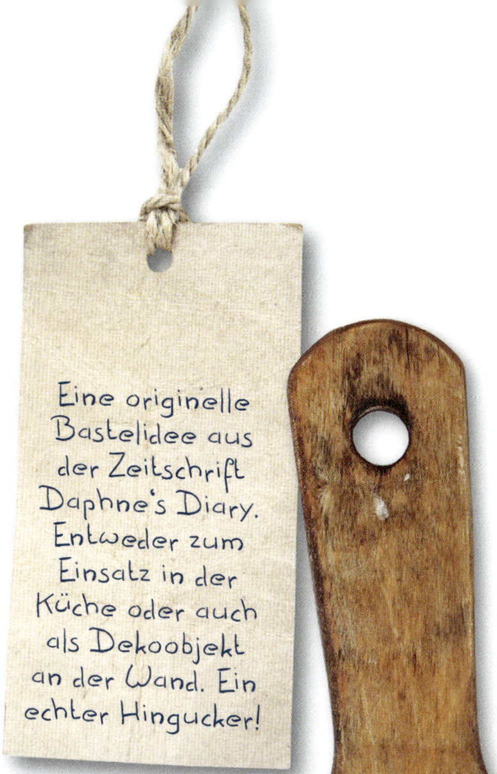
Eine originelle Bastelidee aus der Zeitschrift Daphne's Diary. Entweder zum Einsatz in der Küche oder auch als Dekoobjekt an der Wand. Ein echter Hingucker!

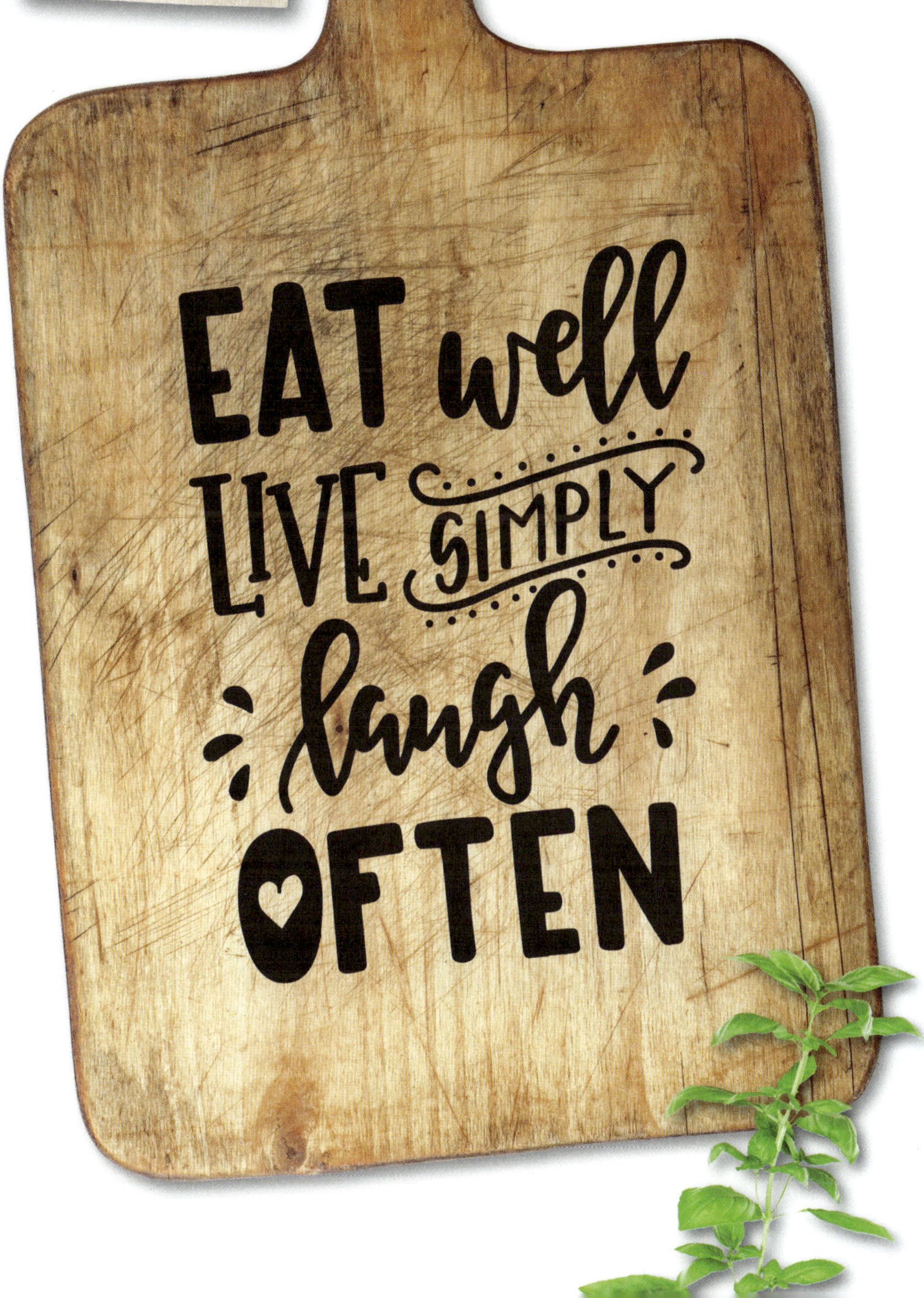
EAT well
LIVE SIMPLY
laugh
OFTEN

# Handlettering

So peppt ihr ein Schneidebrett mit einem netten Spruch im Handlettering-Stil auf. Den Schriftzug, der hier zu sehen ist, könnt ihr auf der Seite www.daphnesdiary.com herunterladen. Er ist unter der Rubrik „Downloads" zu finden.

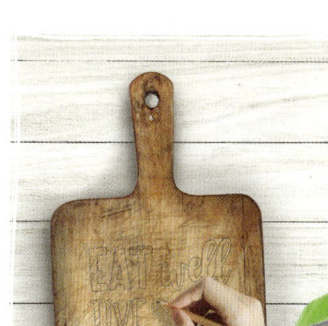

1. Erst den Text mit Bleistift auf dem Brett skizzieren.

EAT well
SIMPLY

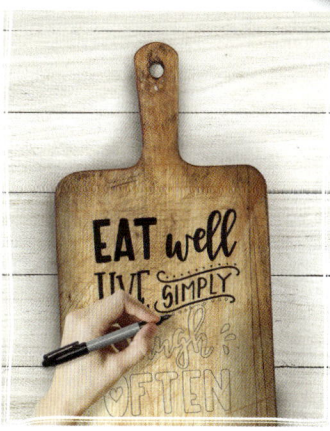

2. Dann den Text mit einem Faserschreiber nachzeichnen und die Bleistiftlinien wegradieren.

EAT well
LIVE SIMPLY
laugh
OFTEN

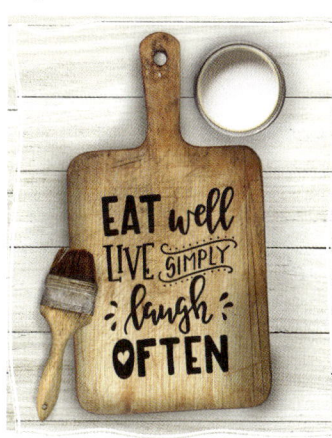

3. Wenn die Tinte des Faserschreibers getrocknet ist, das Brett mit Klarlack überziehen.

Tipp: Beim Kauf erkennt man frischen Spargel daran, dass die Spargelspitzen geschlossen sind. Auch feuchte Schnittstellen und leichtes Einritzen mit dem Fingernagel weisen auf die Frische hin.

# REISSALAT MIT GEBRATENEM SPARGEL
## und cremigem Avocado-Dip

**Für 4 Personen**

200 g Reis
150 g grüner Spargel
2 EL Olivenöl
1 gelber Mangold
1 rote Paprikaschote
1 Aubergine
1 Zucchini
6 Kirschtomaten
1 Avocado
1/2 Zitrone
1 TL saure Sahne
Salz
6 EL Olivenöl
1 EL weißer Balsamico-Essig
Schafskäse, zerbröckelt

1. Reis in Salzwasser 20 Minuten lang abkochen, in einem Sieb auffangen.
2. Spargel waschen, von den Enden etwa 2 cm abschneiden, in eine beschichtete Pfanne etwas Olivenöl geben und den Spargel für rund fünf Minuten bei mittlerer Hitze anbraten, salzen und aus der Pfanne nehmen.
3. Mangoldstiele gründlich waschen, bei sehr breiten Stielen diese längs halbieren. In dieselbe Pfanne etwas Olivenöl geben und die Mangoldstiele bei mittlerer Hitze fünf bis acht Minuten anbraten, salzen, dann aus der Pfanne nehmen.
4. Paprika waschen, der Länge nach halbieren und Kerngehäuse entfernen. Längs in dünne Streifen schneiden.
5. Aubergine waschen und quer in Scheiben schneiden. In dieselbe Pfanne wieder etwas Olivenöl geben, Auberginenscheiben bei etwas stärkerer Hitze anbraten und gleichmäßig salzen. Sobald sie Farbe angenommen haben, aus der Pfanne nehmen.
6. Zucchini waschen und längs in Scheiben schneiden, ebenfalls in der Pfanne anbraten, bis sie Farbe angenommen haben, salzen.
7. Kirschtomaten halbieren.
8. Avocado mittig aufschneiden, den Kern herauslösen, Schale vom Fruchtfleisch entfernen und sofort mit Zitronensaft beträufeln. Das Fruchtfleisch mit einer Gabel grob zerkleinern, in eine Schale geben, mit der sauren Sahne verrühren und mit Salz abschmecken.
9. Aus dem Olivenöl und dem weißen Balsamico mit etwas Salz eine Vinaigrette anrühren.
10. Reis in einen tiefen Teller geben und mit der Vinaigrette vermengen.
11. Zum Anrichten des Reissalates etwas Avocado-Dip am Rand platzieren, übriges Gemüse gleichmäßig darauf verteilen und als Topping etwas zerbröckelter Schafskäse darüber geben.

*Tipp: Lieber ein paar mehr Karotten mit anbraten; diese können dann am nächsten Tag noch für das cremige Karotten-Hummus mit Schafskäse und geröstetem Brot verwendet werden.*

# APRIKOSEN-KICHERERBSEN-SALAT

```
Als Beilagensalat für 4 Personen

1 Kopfsalat
4 Aprikosen
4 schmale Karotten
400 g Kichererbsen
100 g Schafskäse, zerbröckelt
3 Stiele Basilikum, Blätter abgezupft
1/2 Bund Schnittlauch, klein geschnitten
1 Salatdressing, siehe Grundrezept
Olivenöl
Salz
```

*Dieser fruchtige Salat schmeckt besonders gut zu gegrilltem Fleisch.*

1. Backofen auf 180° C Umluft vorheizen.
2. Karotten waschen, schälen und in eine Auflaufform geben.
3. Kichererbsen mit Wasser abbrausen und gut abtropfen lassen, zu den Karotten dazugeben.
4. Beides mit Olivenöl beträufeln, etwas salzen und für 15 bis 20 Minuten in den Backofen geben.
5. Kopfsalat waschen und gut trocken schütteln.
6. Aprikosen waschen, halbieren, Kern entfernen und längs in Scheiben schneiden.
7. Karotten und Kichererbsen aus dem Ofen nehmen, abkühlen lassen.
8. Kopfsalat in einen tiefen Teller geben, mit den Aprikosen und den Karotten garnieren.
9. Den zerbröckelten Schafskäse zusammen mit dem Schnittlauch zu den Kichererbsen geben, mit etwas Salz und Olivenöl vermengen und abschmecken.
10. Kichererbsen über dem Salat verteilen und mit dem fertigen Salatdressing beträufeln.
11. Als Topping die Basilikumblätter auf den Salat geben.

# GESUNDE HECKENGÄU-LINSEN
## ALS BUNTER SALAT MIT ORANGEN UND GRANATAPFEL

Ob als Beilage zum gegrillten Steak oder als frische, fruchtige Vorspeise mit Baguette, ein bunter Linsensalat macht immer etwas her. Kleine Heckengäu-Linsen genießen nach einem Bad in etwas Balsamico-Essig das Zusammenspiel mit Rucola, Orangen und Granatapfel.

*Heckengäu-Linsen haben in der Zwischenzeit auch wieder den Weg ins Schwäbische gefunden. Man kennt ja eher die klassischen Linsen mit Spätzle und Saitenwürstchen, die es auch schon bei uns zu Hause des Öfteren, eher zu den kälteren Jahreszeiten, gab.*

*Meine Linsen gibt es heute mal nicht ganz so klassisch, sondern etwas modernisierter, und zwar als toller und sehr aromatischer Salat. Dafür habe ich die Linsen in Salzwasser mit einem Schuss Balsamico-Essig abgekocht, wodurch sie schon einen leicht süßlich-säuerlichen Geschmack bekommen. Dazu eine filetierte Orange, Rucola, Radicchio und natürlich Granatapfelkerne als schönen Farbkontrast. Zum Schluss wird der Salat mit einer Olivenöl-Balsamico-Vinaigrette angemacht, und schon ist er fertig und macht ganz schön was her, was will man mehr?*

1. Linsen nach Packungsbeilage mit etwas Salz und einem Esslöffel Balsamico-Essig in Wasser abkochen.
2. Den Rucola waschen und gegebenenfalls etwas zerkleinern, danach trocken schütteln.
3. Den Radicchio-Salat in feine Streifen schneiden, ebenfalls waschen und trocken schütteln.
4. Die Orangen filetieren, den Granatapfel öffnen und die Kerne herauslösen.
5. Lauchzwiebel in feine Ringe schneiden.
6. Alles auf einem tiefen Teller anrichten, die Vinaigrette darüber träufeln und servieren.

1 Tasse Heckengäu-Linsen (oder Beluga-Linsen)
1 EL Balsamico-Essig
1 Bund Rucola
1 kleiner Radicchio
2 Orangen
2 EL Lauchzwiebel
1/2 Granatapfel

Vinaigrette
6 EL Olivenöl
1 EL Balsamico-Essig
Salz und Pfeffer

# KARTOFFEL-HUMMUS MIT WINTERLICHEM ROTKRAUT-BELUGA-LINSEN-SALAT

**Tipp:** Frischer Rotkohl verfärbt beim Raspeln nicht die Hände, wenn man diese zuvor mit einigen Tropfen Speiseöl einreibt.

**Für 4 Personen als Beilage**

1/2 Rotkrautkopf
1/2 rote Zwiebel, in Scheiben geschnitten
8 mehlige Kartoffeln, mittelgroß
1 Orange
1 Apfel, säuerlich
100 g Beluga-Linsen
1/2 Tasse Olivenöl
1/2 Tasse heller Balsamico-Essig
1/4 Tasse Zucker
1 TL Salz
Kresse, Sesam

1. Rotkrautkopf halbieren, Strunk entfernen und in dünne Streifen schneiden.
2. Olivenöl, Balsamico-Essig, Zucker und Salz in einem Topf kurz aufkochen lassen. Alles über das Rotkraut geben und gut vermengen, mit einem Teller abdecken.
3. Kartoffeln in Salzwasser abkochen, abschütten und schälen. Danach durch eine Kartoffelpresse in einen Topf pressen. Mit etwas Gemüsebrühe zu einem glatten Hummus verrühren, mit Salz abschmecken.
4. In der Zwischenzeit die Linsen ohne Salz (!) nach Packungsbeilage abkochen, danach in ein Sieb abschütten.
5. Orange filetieren, eine Hälfte in Würfel schneiden, die andere Hälfte als Schnitze belassen.
6. Apfel halbieren, Kerngehäuse entfernen, eine Hälfte in Würfel, die andere Hälfte in Scheiben schneiden.
7. Die Linsen, Orangen- und Apfelwürfel zu dem Rotkraut dazugeben und vorsichtig miteinander vermengen.
8. Warmes Kartoffel-Hummus auf einer Platte anrichten, den Rotkrautsalat seitlich daneben anrichten, mit Orangen- und Apfelschnitzen dekorieren, Kresse und Sesam darauf verteilen.

Kartoffeln sind sehr variabel einsetzbar - ob als Salat, Röstkartoffeln, Pellkartoffeln, Gratin oder Hummus! Hummus? Okay ich geb's zu, der Name "Kartoffel-Hummus" ist für dieses Gericht etwas irreführend, denn eigentlich sind Kichererbsen die Grundzutat eines Hummus. Da sich aber "Kartoffelpüree" so furchtbar langweilig anhört, mögt ihr mir bitte die Namenswahl verzeihen!

Kartoffel-Hummus ist ein toller Begleiter zu allen Fleisch- und Fischgerichten, dank seines ganz dezenten Geschmacks übertüncht er nicht alle anderen Zutaten. Zusätzlich habe ich das cremige Hummus zu einem bunten Rotkraut-Beluga-Linsen-Salat serviert. Der Salat präsentiert sich mit seinem bunten Aussehen wunderschön und macht dem Herbst nun alle Ehre.

Warum soll denn das Rotkraut immer nur die zweite Geige neben Gans, Ente und Wild spielen? Heute übernimmt es mal zusammen mit den Beluga-Linsen eine eigene Rolle als herbstlicher Salat. Soulfood vom Allerfeinsten, das ihr unbedingt ausprobieren müsst!

# CREMIGES KAROTTEN-HUMMUS
## MIT SCHAFSKÄSE UND GERÖSTETEM BROT

Möhren sollten ungewaschen gelagert werden, denn sie haben von Natur aus eine Art Wachsschicht auf der Haut, die sich durchs Waschen ablöst. Der Wachsfilm schützt die Rübe nicht nur vor dem Austrocknen, sondern ist auch eine wichtige Barriere für Bakterien und Keime.

**Für 4 Personen**

- 500 g Karotten
- 6 EL Olivenöl und etwas mehr zum Servieren
- 500 g Kichererbsen
- 75 g Schafskäse und etwas mehr als Topping
- 1/2 TL Kurkuma
- 2 Scheiben Brot, geröstet
- 1 EL frische Kräuter wie z. B. Blattpetersilie und Rucola, fein gehackt
- Salz

1. Backofen auf 180° C Umluft vorheizen.
2. Karotten waschen, schälen und in eine Auflaufform geben. Karotten mit sechs Esslöffel Olivenöl beträufeln, salzen und für etwa 30 bis 40 Minuten in den Backofen geben.
3. Kichererbsen mit einem Stabmixer fein pürieren.
4. Schafskäse und Kurkuma dazugeben, salzen und nochmals pürieren.
5. Brot mit den Fingern klein rupfen und in einer Pfanne ohne Öl anrösten.
6. Auf einer Servierplatte oder einem Teller zuerst das Hummus verstreichen, dann die Karotten und das geröstete Brot darauf verteilen.
7. Zerbröckelten Schafskäse, Kräuter und Olivenöl gleichmäßig darüber verteilen.

Auberginen werden nicht geschält.
Die Schnittstellen sollten mit Zitronensaft
oder Öl eingerieben werden, wenn man eine
Braunfärbung verhindern möchte.

*Wer den leicht bitteren Geschmack nicht mag, kann die Auberginen salzen, nach etwa 30 Minuten sind dann Wasser und Bitterstoffe entzogen. Die Schnittflächen danach trocken tupfen und verarbeiten.*

# GEGRILLTE AUBERGINEN

Für 4 Personen

2 große Auberginen
400 g Kichererbsen, frisch abgekocht oder aus dem Glas
6 Zweige glatte Petersilie
2 EL saure Sahne
Olivenöl
Zitronensaft
Salz
Etwas Wasser

*Auberginen sind im rohen Zustand nicht genießbar!*

1. Backofen auf 200° C Umluft vorheizen.
2. Auberginen waschen und der Länge nach halbieren, Fruchtfleisch rautenförmig einschneiden.
3. Die Schnittflächen der Auberginenhälften gut salzen, dann rundum mit Olivenöl einpinseln.
4. Für etwa 30 Minuten in den Backofen geben.
5. Weiche Kichererbsen kurz in einer Pfanne mit wenig Olivenöl durchschwenken und salzen.
6. Petersilie grob schneiden.
7. Saure Sahne mit etwas Zitronensaft, Salz und Wasser glatt rühren.
8. Fertige Auberginen aus dem Backofen nehmen, mit saurer Sahne beträufeln, Kichererbsen und Petersilie darauf verteilen und eventuell nochmals nachsalzen.

Gerne träufle ich mir immer noch ein wenig Balsamico-Essig darüber.

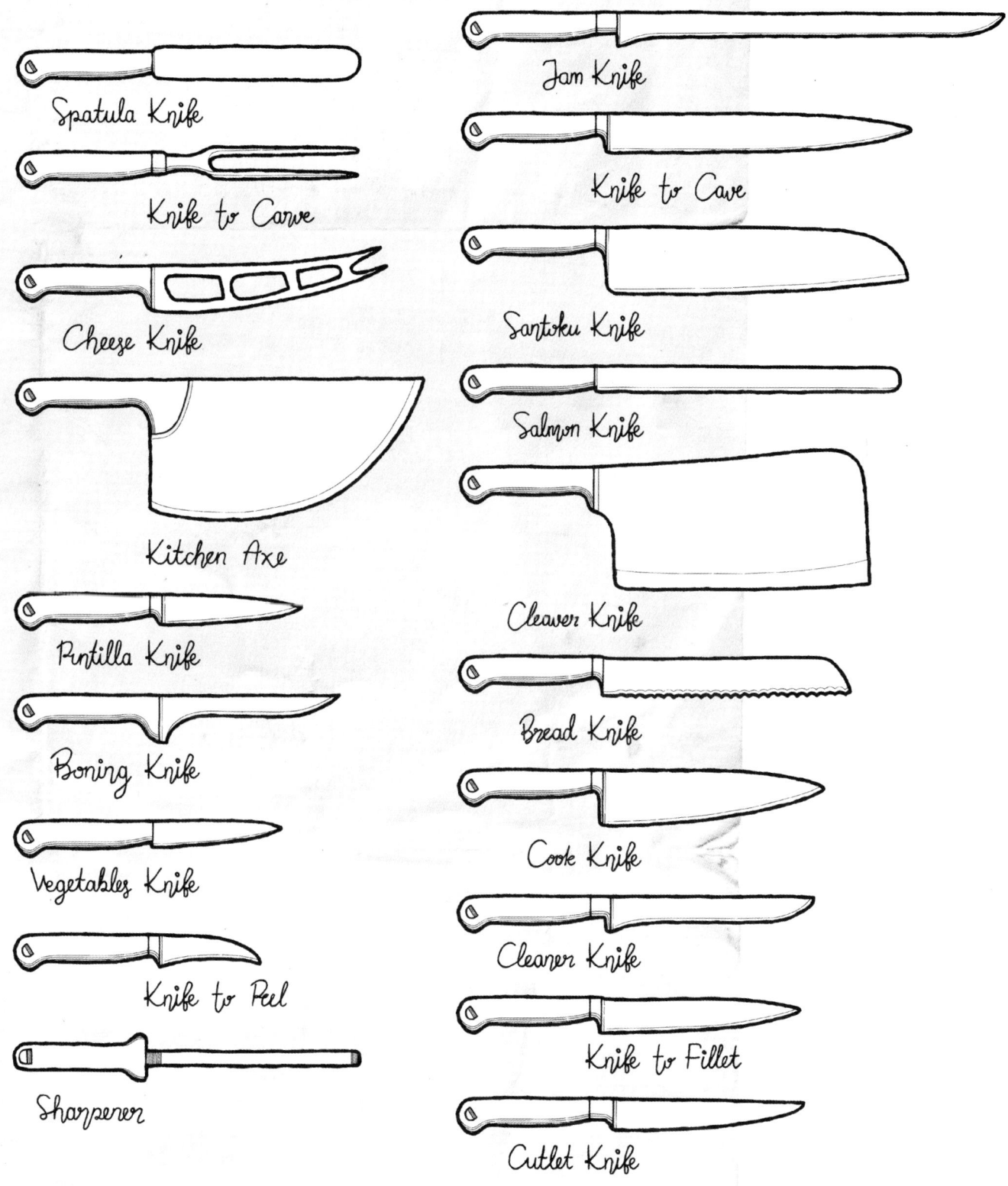

> Sollte etwas von dem Parmesankäse übrig bleiben, kann dieser am Stück oder auch gerieben eingefroren und bei Bedarf aus dem Gefrierfach genommen werden.

# GEGRILLTE TOMATEN
## mit Parmesancrumbles aus dem Backofen

1. Backofen auf 180° C Grillfunktion vorheizen.
2. Tomaten quer in Scheiben schneiden und in eine ausgefettete Auflaufform oder Pfanne legen, salzen.
3. Parmesan reiben.
4. Butter und Olivenöl in einer Pfanne erwärmen und kurz aufschäumen lassen.
5. Semmelbrösel dazugeben und goldbraun anbraten, mit etwas Salz würzen.
6. Semmelbrösel und den geriebenen Parmesan über die Tomaten streuen und für etwa zehn Minuten in den Backofen geben.

Als Beilage für 4 Personen

600 g Tomaten, unterschiedliche Größen
1 EL Olivenöl
1 EL Butter
2 EL Semmelbrösel
3 EL Parmesan
Salz

# VERDURA MISTA
## GEGRILLTES GEMÜSE MIT MOZZARELLA

Für 4 Personen

2 kleine Zucchini
1 große Aubergine
1 gelbe Paprikaschote
10 Champignons
250 g Kirschtomaten, ganz oder halbiert
2 x 125 g Mozzarellakügelchen
Olivenöl
Salz und Pfeffer
Balsamico-Essig

1. Das Gemüse waschen und trocken tupfen.
2. Zucchini und Aubergine in Scheiben schneiden.
3. Paprikaschote halbieren, Kerngehäuse entfernen und in grobe Streifen schneiden.
4. Champignons in nicht zu dünne Scheiben schneiden.
5. Jede Gemüsesorte einzeln in einer beschichteten Pfanne in Olivenöl scharf anbraten, mit Salz und Pfeffer würzen.
6. Das fertig gebratene Gemüse in eine flache Form geben und gleichmäßig miteinander vermischen. Sobald das Gemüse abgekühlt ist, die ganzen oder halbierten Tomaten und die halbierten Mozzarellakügelchen dazugeben und vorsichtig unterheben.
7. Nochmals mit Olivenöl, Balsamico-Essig, Salz und Pfeffer abschmecken und mit einem Baguette servieren.

Der Vorteil einer beschichteten Pfanne liegt darin, dass man das Gemüse mit nur sehr wenig Olivenöl anbraten kann.

# Pasta und mehr

# MUSCHELNUDELN
## mit frischem Basilikum und Pistazien-Pesto

**Für 4 Personen**

2 Töpfe Basilikum
300 ml Olivenöl
3 EL Pistazien
Salz
Zitronensaft
500 g Muschelnudeln
Parmesan, frisch gerieben

1. Die Blätter des Basilikumstrauches entfernen, zerkleinern und in einem hohen Gefäß mit der Hälfte des Olivenöls mit einem Pürierstab grob zerkleinern.
2. Schalen der Pistazienkerne entfernen und mit dem restlichen Olivenöl zum Pesto geben und nochmals kurz mit dem Pürierstab zerkleinern.
3. Mit etwas Salz und Zitronensaft abschmecken.
4. Nudeln nach Packungsbeilage in reichlich Salzwasser kochen, dann in einem Sieb auffangen.
5. Nudeln zurück in den Topf geben, das Pesto darüber geben und gleichmäßig miteinander vermengen.
6. Nudeln auf Tellern anrichten und mit reichlich Parmesan bestreuen.

Ein schnelles und einfaches Gericht, das klasse in die Feierabendküche passt.

*Es gibt keine perfekte Backzeit für die perfekte Pizza. Die Garzeit variiert stark je nach Ofen, Hitze und Belag. Schaut immer wieder in den Ofen und vertraut euren Augen, ob die Pizza fertig ist oder nicht.*

# PIZZA MIT TOMATEN, PARMASCHINKEN UND CREMIGEM BURRATA

```
Als Beilage für 1 Person

1 Pizzateig aus dem Kühlregal
300 g bunte große und
    kleine Tomaten
70 g Parmaschinken
1 Burrata
5-6 Pimientos
3 EL Olivenöl
1 EL Balsamico-Essig
Basilikum
Salz
```

1. Backofen auf 200° C Ober- und Unterhitze vorheizen.
2. Pizzateig auf ein mit Backpapier ausgelegtes Blech legen.
3. Olivenöl und Balsamico-Essig mit etwas Salz verrühren und mithilfe eines Pinsels auf den Pizzaboden streichen..
4. Größere Tomaten in Scheiben schneiden und den Pizzaboden belegen. Kleinere Tomaten als Ganzes oder halbiert ebenfalls gleichmäßig verteilen.
5. Pimientos ebenfalls verteilen.
6. Pizza für etwa 20 Minuten im Backofen backen, dann herausnehmen.
7. Den Parmaschinken gleichmäßig darauf verteilen.
8. Burrata ein wenig aufschneiden, damit die Füllung etwas herausläuft und auf die Pizza geben.
9. Mit Basilikumblättchen dekorieren und das restliche Balsamico-Olivenöl-Dressing darauf träufeln.

# PASTA MIT EINGELEGTEN OLIVEN, TOMATEN
## und gebratenem Fenchel

**Tipp:** Sonnengetrocknete Tomaten, die nicht in Öl eingelegt sind, können vor der Verarbeitung in kochendes Wasser gelegt werden. So werden sie weich und lassen sich besser verarbeiten.

Für 4 Personen

800 g Pasta
1 Fenchelknolle
1 TL Olivenöl
200 g Oliven-Mix in Kräuteröl
150 g getrocknete Tomaten in Kräuteröl
3 Zweige Thymian
Parmesan, gerieben
Rucola

1. Fenchelknolle längs halbieren und in dünne Scheiben schneiden.
2. In einer beschichteten Pfanne mit etwas Olivenöl den Fenchel anbraten, bis er Farbe angenommen hat, dann herausnehmen.
3. Für die Pasta einen hohen Topf mit Salzwasser auf den Herd stellen, das Wasser zum Kochen bringen. Pasta nach Packungsbeilage al dente zubereiten, in einem Sieb auffangen.
4. In der Zwischenzeit die getrockneten Tomaten in einem Sieb auffangen, Tomaten in Streifen schneiden und in die Pfanne geben.
5. Oliven ebenfalls in einem Sieb abtropfen lassen und in die Pfanne geben.
6. Thymianzweige dazugeben.
7. Pasta in die Pfanne geben und alles vorsichtig miteinander vermengen.
8. Kurz vor dem Servieren den gebratenen Fenchel dazugeben, eventuell mit etwas Salz abschmecken.
9. Auf Tellern anrichten, mit geriebenem Parmesan-Käse und Rucola bestreuen und genießen.

*Wer schwarze Oliven mit Stein kauft, bekommt immer das "Original", denn diese sind zu weich, um sie maschinell zu entsteinen!*

# SPAGHETTI MIT ROTE-LINSEN-BOLOGNESE

1. Karotte schälen und in kleine Würfel schneiden.
2. Zwiebel von der äußeren Schale befreien und in kleine Würfel schneiden.
3. Olivenöl in einem Topf erhitzen, Karotten- und Zwiebelwürfel sowie Rosmarinzweig dazugeben und alles etwa 15 bis 20 Minuten langsam andünsten.
4. Abgespülte Linsen zum Gemüse geben und kurz mit andünsten.
5. Passierte Tomaten und so viel Gemüsebrühe dazugeben, dass die Linsen bedeckt sind. Alles 45 bis 60 Minuten köcheln lassen, bis die Linsen weich sind.
6. Avocado von der Schale lösen, halbieren und den Kern entnehmen. Der Länge nach in Streifen schneiden.
7. Spaghetti nach Packungsbeilage in Salzwasser al dente abkochen, dann in einem Sieb auffangen.
8. Erst wenn die Linsen weich sind, mit Salz abschmecken.
9. Spaghetti auf Tellern verteilen, die Linsen-Bolognese darüber verteilen.
10. Mascarpone, getrocknete Tomaten und Avocadostreifen darauf verteilen, mit Kresse dekorieren.

Für 4 Personen

250 g rote Linsen
2 EL Olivenöl
1 Karotte
1 Zwiebel
1 Zweig Rosmarin
500 g passierte Tomaten
ca. 200 ml Gemüsebrühe
500 g Spaghetti
250 g Mascarpone
150 g getrocknete Tomaten in Kräuteröl
1 Avocado
Salz
Kresse zur Deko

*Lasst euch ein wenig Zeit mit diesem Rezept. Linsen dürfen nur leicht köcheln, sonst platzen sie auf und verlieren ihren Geschmack.*

Auf der Packungsbeilage aller getrockneten Linsen bzw. Hülsenfrüchte ist zu lesen, dass man Salz erst nach Ende der Garzeit zufügen darf, da sich sonst die Kochzeit verlängert. Ist da was dran? Nach einigen Recherchen im Internet bin ich allerdings genau auf das Gegenteil gestoßen! Salz im Kochwasser hilft sogar dabei, die Schalen der Hülsenfrüchte zu lockern. Sie werden durchlässiger für Wasser und rascher gar. Außerdem schmecken sie viel besser, wenn schon beim Kochen ein wenig Salz eindringen kann.

Na, das hätte ich auch schon vorher nachlesen können, mir ist das gar nicht anders in Erinnerung bzw. wurde auch mir so gelehrt! Das mit dem Salzen kann nun jeder für sich entscheiden. Ob vorher oder nachher, weich werden sie auf jeden Fall alle!

*Wenn es nach mir ginge, würde ich ja am liebsten jeden Tag grillen. Das liegt mit Sicherheit daran, dass nach den Vorbereitungen alles im Nullkommanichts fertig und zudem alles schon wieder gespült und aufgeräumt ist.*

# MEDITERRANER NUDELSALAT

**Für 4 Personen**

500 g Fusilloni
1 Zucchini
250 g Kirschtomaten
70 g Parmaschinken
5 Schalotten, längs geviertelt
8 EL Olivenöl
4 EL weißer Balsamico-Essig
200 ml Naturjoghurt, 3,5 % Fett
Salz
Blattpetersilie zur Deko

1. Nudeln nach Packungsbeilage in reichlich Salzwasser abkochen, danach in einer großen Schüssel abkühlen lassen.
2. Zucchini waschen und längs in Streifen schneiden, in einer beschichteten Pfanne ohne Öl anbraten, salzen und dann herausnehmen.
3. Tomaten halbieren und in derselben Pfanne auf der Schnittfläche anbraten, dann herausnehmen.
4. Etwas Olivenöl in die Pfanne geben, den Parmaschinken längs in Streifen schneiden und zusammen mit den Schalotten in die Pfanne geben und kurz anbraten.
5. Aus Olivenöl, Balsamico-Essig, Joghurt und Salz eine Marinade anrühren.
6. Wenn alle Zutaten abgekühlt sind, diese zu den Nudeln geben, Marinade darüber gießen und vorsichtig unterheben. Nach Möglichkeit im Kühlschrank ziehen lassen.
7. Kurz vor dem Servieren nochmals kräftig mit Öl, Balsamico-Essig, Joghurt und Salz abschmecken und mit Blattpetersilie dekorieren.

*Ein Nudelsalat ist so vielseitig und so einfach zuzubereiten. Man kann sich richtig austoben und wirklich alles Erdenkliche damit kombinieren. Und das Beste daran ist, dass er so wunderschön aussieht und auch richtig was hermacht.*

*Besonders schön finde ich ja die großen Fusilloni als Nudelsalat. Dieses Mal habe ich mich für gebratene Zucchini, Tomaten und Parmaschinken als weitere Zutaten entschieden. Man kann aber auch nach Lust und Laune andere Gemüsearten verwenden. Gut vorstellen kann ich mir auch gegrillte Auberginen und Paprika. Erlaubt ist einfach alles, was euch schmeckt.*

*Probiert es aus, es lohnt sich!*

Tipp: Immer etwas mehr Dressing zubereiten, da Nudeln einen guten Teil der Sauce aufnehmen; bei zu wenig Dressing wird der Nudelsalat trocken. Nudeln nehmen einiges an Würze weg, daher vor dem Servieren am besten nochmals abschmecken und bei Bedarf nachwürzen.

# Pasta

## RUND, DÜNN, DICK, KRUMM, LANG, GEBOGEN, KLEIN …

Tagliatelle — Rotini — Penne Rigate — Farfalle

Pappardelle Festonate — Pipe Rigate

Conchiglie — Gramigna — Penne integrali — Orecchiette

# SAFTIGE LOW-CARB ZUCCHINI-PIZZA

Für 1 große Pizza oder mehrere kleine

1 große Zucchini
3-4 EL Kichererbsenmehl
1 Ei
Salz, Pfeffer
1 Msp. Muskatnuss
2 Msp. Zimt

Zum Belegen:

1 kleiner Hokkaido-Kürbis, in Scheiben geschnitten
3-4 Champignons, gerieben
Schwarze Oliven, in Scheiben geschnitten
1 Schafskäse, zerbröckelt
Nadeln von 1-2 Zweigen Rosmarin

1. Den Backofen auf 220° C vorheizen und ein Backblech mit Backpapier auslegen.
2. Ein Sieb mit einem Küchenhandtuch auslegen. Zucchini waschen, schälen, raspeln und in das Sieb geben. Mit etwas Salz vermischen und etwa zehn Minuten ziehen lassen. Danach die Zucchini im Tuch fest ausdrücken.
3. Zucchiniraspel in eine Schüssel geben, Kichererbsenmehl und das Ei dazugeben und gut vermischen. Mit Salz, Pfeffer, Muskatnuss und Zimt zu einem Teig vermengen.
4. Zucchiniteig auf dem Backblech zu einem (oder mehreren kleinen) möglichst dünnen runden Pizzaboden formen und fest andrücken. Etwa 15 Minuten im Ofen vorbacken.
5. Pizzaboden wenden und mit dem Kürbis, den Champignons, Oliven und dem zerbröckelten Schafskäse belegen, die frischen Rosmarinnadeln darüber streuen.
6. Nochmals für etwa 10 bis 15 Minuten in den Backofen geben.

Belegen könnt ihr die Pizza natürlich ganz nach Lust und Laune. Passend zur herbstlichen Jahreszeit habe ich sie mit Hokkaido-Kürbis, Champignons, schwarzen Oliven und Schafskäse belegt.

Der Pizzaboden schmeckt auch klasse mit geraspeltem Blumenkohl, Brokkoli oder Roter Bete.

# BRUSCHETTA

A  1. Backofen auf 200° C Umluft vorheizen.
   2. Baguette in 20 gleich große Scheiben schneiden und kurz in den Backofen geben, bis sie leicht kross sind, dann herausnehmen und auf eine Platte oder einen großen Teller legen.

B  1. Avocado schälen und der Länge nach in Scheiben schneiden. Vier Baguettescheiben mit Frischkäse bestreichen, mit ein paar Stängeln Rucola belegen, dann die Avocadoscheiben darauf verteilen. Etwas salzen und mit dem rosa Pfeffer bestreuen.

C  1. Vier Baguettescheiben mit dem Ziegenfrischkäse belegen und kurz in den Ofen geben, bis der Käse ein wenig verläuft. Herausnehmen und mit den Granatapfelkernen und den Pistazien bestreuen und sofort servieren.

D  1. Die geschnittenen Champignons ohne Fett in eine beschichtete Pfanne geben, salzen und anbraten, bis sie eine schöne braune Farbe angenommen haben. Auf einen Teller geben und zur Seite stellen.
   2. Zitrone filetieren.
   3. Zwiebelringe mit etwas Olivenöl in die Pfanne geben und anbraten. Sobald die Zwiebelringe Farbe angenommen haben, Zitrone und die grünen Pfefferkörner dazugeben, vorsichtig vermengen, etwas salzen und beiseitestellen.
   4. Champignons auf vier Baguettescheiben gleichmäßig verteilen, Zwiebelgemisch mit den Pfefferkörnern darauf setzen.

E  1. Tomaten vierteln, Kerne mit einem Löffel herausnehmen, klein würfeln und salzen. Die Basilikumblättchen vorsichtig unterheben und auf weitere vier Baguettescheiben verteilen.

F  1. Baguette-Salami auf weitere vier Baguettescheiben verteilen und mit Kresse bestreuen.

B  1 EL Frischkäse
   1 Avocado
   Rucola
   Salz, rosa Pfeffer als Deko

A  1 Baguette

Als Brot eignen sich neben herkömmlichem Weißbrot auch Baguette und Ciabatta.

Für eine würzige Knoblauchnote kann man die gerösteten Brotscheiben mit den Schnittflächen einer halbierten Knoblauchzehe einreiben.

C  100 g Ziegenweichkäse in der Rolle
Granatapfelkerne und Pistazien als Deko

E  10 bunte Kirschtomaten
Basilikumblättchen
Olivenöl, Salz

F  8 Scheiben Baguette-Salami
Kresse als Deko

D  12 kleine braune Champignons, in Scheiben geschnitten
1 kleine rote Zwiebel, in Ringe geschnitten
1/2 Zitrone
1 TL grüne Pfefferkörner

# STEINBEISSER ALLA PUTTANESCA

1. Backofen auf 180° C Ober- und Unterhitze vorheizen.
2. Steinbeißer unter kaltem Wasser kurz abbrausen, dann auf ein Küchenkrepp legen und trocken tupfen.
3. Zwiebeln von der äußeren Schale befreien, in feine, dünne Ringe schneiden.
4. In einen Topf zwei Esslöffel Olivenöl geben und die Zwiebelringe mindestens für zehn Minuten bei niedriger Temperatur glasig dünsten.
5. Tomaten in kleine Würfel schneiden und in eine Schüssel geben.
6. Glasige Zwiebelringe zusammen mit den Kapern und der klein geschnittenen Petersilie zu den Tomaten geben, miteinander vermengen und mit Salz abschmecken.
7. In eine Auflaufform etwas Olivenöl geben, den Steinbeißer in die Form legen.
8. Tomaten-Kapern-Gemisch gleichmäßig auf dem Fisch verteilen und für etwa 30 Minuten in den Ofen geben.

*Vor dem Servieren den Steinbeißer mit etwas Zitrone beträufeln und mit Baguette und Blattsalat servieren.*

```
Für 4 Personen

800 g Steinbeißer
2 Zwiebeln
500 g Tomaten
6 TL Kapern
4 Stiele glatte Blattpetersilie
2 EL Olivenöl
Zitrone
```

Tipp: Nach dem Abspülen unter fließendem Wasser den Fisch mit Küchenkrepp abtupfen und mit Zitronensaft beträufeln. Dadurch wird das Fischfleisch fester, würziger, und der Geruch wird gebunden.

# Fangfrischer OKTOPUS

1. Wasser (ohne Salz) in einem hohen Topf zum Kochen bringen.
2. Oktopus für fünf Minuten darin kochen, herausnehmen und auf einen Teller setzen. Topf säubern.
3. Schale von den Schalotten entfernen, in Ringe schneiden.
4. Peperoni der Länge nach halbieren, Kerngehäuse entfernen.
5. Olivenöl in dem Topf bei mittlerer Hitze erwärmen. Schalotten, Peperoni und Sardellen dazugeben, langsam glasig dünsten.
6. Oktopus, Kirschtomaten und Blattpetersilie dazugeben, mit einem Deckel verschließen und alles etwa 40 Minuten langsam garen.
7. Topf von der Herdplatte nehmen, den Oktopus für weitere zehn Minuten im Topf ruhen lassen. Oktopus herausnehmen, Fangarme mit einem scharfen Messer abtrennen, Kopf in Ringe schneiden.
8. Ganze Petersilienzweige und die Peperoni dem Sud entnehmen, Oktopus hineingeben und nochmals kurz erwärmen.
9. Mit Zitronensaft abschmecken, sofort servieren und genießen.

Für 4 Personen

1 kg Oktopus
4 EL Olivenöl
4 Schalotten
3 Sardellen in Öl
1/2 Peperoni
500 g Kirschtomaten
1 Bund Blattpetersilie
Zitrone

Tipp: Ihr könnt entweder einen frischen Oktopus zubereiten oder auch einen tiefgefrorenen Oktopus verwenden. In diesem Fall muss der Oktopus im Kühlschrank langsam aufgetaut werden.

Ihr liebt Pasta-Gerichte? Dann habe ich für euch eine tolle Alternative mit wenig Kohlenhydraten.

# GEMÜSE-ZOODLES MIT LACHS

Gemüse-Zoodles sind mit dem Spiralschneider schnell gemacht und stehen den "echten Spaghetti" in nichts nach.

Denn seien wir doch mal ehrlich: Steht denn nicht immer die Sauce bei einem Pasta-Gericht im Vordergrund?

1. Karotten und Zucchini mit dem Spiralschneider zu Spaghetti schneiden.
2. Den aufgetauten Lachs am Stück in einer beschichteten Pfanne mit etwas Öl anbraten. Wenn er eine leichte Bräunung angenommen hat, vorsichtig aus der Pfanne herausnehmen.
3. Bei mittlerer Hitze die Zwiebeln und den Knoblauch mit ein wenig Öl in derselben Pfanne glasig dunsten.
4. Tomatenmark dazugeben, mit Gemüsebrühe und Sahne ablöschen und alles gut verrühren, bis sich das Tomatenmark mit der Flüssigkeit verbunden hat.
5. Rohe Gemüse-Spaghetti dazugeben und die Hitze ein wenig erhöhen.
6. Lachs in große Stücke schneiden und vorsichtig unter die Gemüse-Spaghetti heben.
7. Mit Limettensaft, den Safranfäden, Salz und Pfeffer abschmecken und mit der glatten Petersilie dekorieren.

**Für 4 Personen**

250 g TK-Lachs
3 EL Olivenöl
1 Zwiebel, gewürfelt
1 Knoblauchzehe
50 ml Sahne
150 ml Gemüsebrühe
1 EL Tomatenmark
2 Karotten
2 gelbe Zucchini
Safranfäden
Limettensaft
Salz und Pfeffer
Glatte Petersilie zum Dekorieren

*Anstelle von Hartweizennudeln kann man ganz viele verschiedene feste Gemüsesorten wie Karotten, Zucchini, Süßkartoffeln oder Kohlrabi verwenden. Die herzhaft-würzige Sauce passt wunderbar zum Lachs und zu den Zoodles und ist zudem auch noch in Windeseile zubereitet.*

# Gebratener Thunfisch
## mit Spargel, Erbsen und Rucola

Tipp: Fisch gart sehr schnell! Wenn er auf Fingerabdruck nachgibt, ist er gar.

**Für 4 Personen**

Je 2 Zweige Rosmarin, Oregano und Thymian
1 EL Zitronensaft
6 EL Olivenöl
500 g Thunfisch
Salz und Pfeffer aus der Mühle

500 g grüner Spargel
1/2 Zitrone
1 Bund Rucola
150 g Erbsen
2 EL Olivenöl
1 Msp. Muskatnuss
Salz

1. Die Kräuter waschen und trocken schütteln, Blätter abzupfen und fein hacken.
2. Kräuter und Zitronensaft mit vier Esslöffeln Olivenöl mischen und über dem Thunfisch verteilen. Mindestens eine Stunde im Kühlschrank marinieren.
3. Den Spargel waschen und von den Enden etwa 2 cm abschneiden. Spargel in je etwa 5 cm lange Stücke schneiden, diese dann nochmals längs halbieren.
4. Salzwasser zum Kochen bringen und den Spargel und die Erbsen etwa eine Minute blanchieren. Beides in einem Sieb auffangen und mit sehr kaltem Wasser abschrecken und abtropfen lassen.
5. Zitrone heiß waschen und die Schale fein abreiben, den Saft auspressen.
6. Rucola waschen, trocken schleudern und in grobe Stücke schneiden.
7. Zwei Esslöffel Olivenöl erhitzen und den Spargel und die Erbsen darin kurz bei starker Hitze anbraten.
8. Zitronenschale und -saft dazugeben, mit Muskatnuss und Salz abschmecken und zugedeckt bei schwacher Hitze fünf Minuten bissfest dünsten.
9. Gleichzeitig das übrige Olivenöl vom Thunfisch in einer großen Pfanne erhitzen.
10. Marinade von den Fischscheiben abstreifen, dann den Thunfisch bei starker Hitze pro Seite etwa eine Minute braten, salzen und pfeffern. Zum Schluss die Marinade wieder angießen.
11. Den Rucola unter den Spargel und die Erbsen mischen, nochmals abschmecken und auf Teller verteilen.
12. Heiße Thunfischscheiben darauf setzen, sofort servieren und genießen.

# FRISCHE DORADE
## auf sommerlich buntem Gemüsebett

Für 4 Personen

1 kg Dorade, entschuppt und ausgenommen
1 Zwiebel
1 Fenchel
200 g Kirschtomaten
4 kleine Karotten
200 g Pimientos
6 Stiele Blattpetersilie, gehackt
3 Stiele Basilikum, gehackt
3 Stiele Dill, gehackt
1 EL Olivenöl
Zitronensaft

1. Zwiebel schälen und der Länge nach achteln.
2. Fenchel waschen, Fenchelgrün abschneiden, klein hacken und ebenfalls der Länge nach achteln.
3. Kirschtomaten halbieren.
4. Karotten schälen und in etwa 4 cm lange Stifte schneiden.
5. Pimientos waschen.
6. In einer großen Pfanne das Olivenöl stark erhitzen. Zwiebeln, Fenchel und Karotten hineingeben, nach rund fünf Minuten Kirschtomaten und Pimientos dazugeben. Alles etwa zwei Minuten lang gut durchschwenken.
7. Die gewaschenen Doraden seitlich auf beiden Seiten einschneiden, damit die Aromen und die Hitze beim Garen besser eindringen können.
8. Doraden auf das Gemüsebett legen und mit der Hälfte der gehackten Kräuter füllen.
9. Mit Wasser auffüllen, sodass das Wasser etwa 1 cm hoch in der Pfanne steht, mit einem Deckel verschließen.
10. Etwa acht Minuten bei starker Hitze köcheln lassen. Danach den Deckel abnehmen und die Doraden etwa eine Minute lang mit dem Garsud begießen.
11. Die Doraden sind gar, wenn sich das Fleisch in Kopfnähe leicht von den Gräten lösen lässt.
12. Alles mit Olivenöl und Zitronensaft beträufeln. Mit den restlichen Kräutern bestreuen und auf Tellern servieren.

*Den unwiderstehlichen Garsud kann man mit frischem Brot wunderbar auftunken.*

# GEGRILLTER LACHS
## MIT BABY-BLATTSPINAT UND BUNTEN COCKTAILTOMATEN

Dazu passt wunderbar ein wenig saure Sahne, die mit etwas Salz und Zitronensaft angemacht wird. Außerdem reiche ich einen einfachen Blattsalat und ein Baguette dazu.

Für 4 Personen

500 g Lachsfilet
300 g Cocktailtomaten,
300 g Baby-Blattspinat
8 Zweige Dill
1 Zitrone, in Scheiben geschnitten
6 EL Olivenöl
Salz und Pfeffer

4 x Backpapier (ca. 40 x 30 cm)

1. Backofen auf 180° C Ober- und Unterhitze vorheizen.
2. Lachsfilet mit Wasser abbrausen und trocken tupfen.
3. Cocktailtomaten waschen und halbieren.
4. Blattspinat waschen und trocken schütteln.
5. Olivenöl mit Salz und Pfeffer verrühren.
6. Backpapier in vier gleich große Rechtecke schneiden und nebeneinander ausbreiten.
7. Gesamten Blattspinat gleichmäßig auf dem Papier verteilen.
8. Etwa zwei Drittel der halbierten Cocktailtomaten auf den Spinat setzen.
9. Das Lachsfilet auf die Tomaten setzen, Dillzweige und die Zitronenscheiben ebenfalls darauf verteilen.
10. Die restlichen Tomaten um den Lachs legen, mit dem Olivenöl beträufeln.
11. Backpapier zu einem Päckchen verschließen und für etwa 20 Minuten in den Ofen geben.

# Süße Leckereien

# BROMBEEREN MIT ZIEGENKÄSE

**Tipp:** Brombeeren sind äußerst druckempfindlich und schimmeln leicht, deshalb sollen sie gleich verarbeitet werden. Brombeeren sollen nicht gewaschen, sondern nur sorgfältig verlesen werden.

Für 2 Personen,
6 Ziegenkäsescheiben

200 g Ziegenkäserolle
Brombeeren
Rote Keimlinge zur Deko

1. Backofen auf 180° C Umluft vorheizen..
2. Den Ziegenkäse in sechs gleich große Scheiben schneiden und auf einem Backblech verteilen.
3. Das Blech für fünf bis zehn Minuten in den vorgeheizten Backofen geben, bis der Käse kleine Blasen wirft und etwas verläuft. Danach das Blech aus dem Ofen nehmen und den Käse mit den Brombeeren und den Keimlingen dekorieren.

Brombeeren wecken bei mir ja immer Kindheitsgefühle. Meine Eltern hatten einst ein Gartengrundstück im schönen Kraichgau, dort waren wir gefühlt den ganzen Sommer über bzw. zumindest jedes Wochenende. Wenn es dann Zeit für die Brombeerernte war, sind wir mit den Rädern losgezogen, wirklich über jeden Stock und Stein, ewig viele Kilometer (bisschen übertrieben), um an besagter Stelle die Früchtchen zu ernten. An einer lichten Stelle am Waldrand fanden wir dann auch das, was wir suchten.

Mit reichlichen Blessuren und einem kleinen Eimer voller Brombeeren ging's dann wieder auf den Heimweg, mit der Freude, was dann folgte. Ein ganz frischer Brombeerkuchen mit ordentlich viel Sahne oben drauf, mmh. Ob süß oder herb, sie schmecken einfach wundervoll.. Ich möchte euch aber mal eine andere Variante vorstellen - ob als Appetitanreger, Vorspeise oder als Mitternachtssnack, das bleibt euch überlassen.

Spannend fände ich es, dieses Erdbeertiramisu einfach mal mit anderen Früchten der Saison auszuprobieren. Gut könnte ich mir vorstellen, es mit Kirschen, Himbeeren, Aprikosen, Pfirsichen oder auch einmal ganz herbstlich mit Heidelbeeren zu versuchen.

Von Erdbeeren kann ich ja gar nicht genug bekommen! Am besten schmecken sie frisch gepflückt noch auf dem Feld, ganz nackt und ohne nix! Erdbeeren gehen doch immer, oder? Es gibt so viele herrliche Rezepte mit Erdbeeren, es sind so gut wie keine süßen Grenzen gesetzt. Ob aus der Springform oder vom Blech, als Torte oder als Kuchen, ja sogar im Salat mit Spargel - einfach eine tolle Vielfalt, die einem geboten wird.

Hier kommen die frischen, süßen Erdbeeren in eine verlockende Mascarponecreme und werden zu einer mega leckeren Tiramisutorte verarbeitet!

Zusammen mit den Löffelbiskuits, die traditionell mit Espresso beträufelt werden, wirklich ein Gedicht! Sollte euch der Mascarpone zu fetthaltig sein, könnt ihr auch gerne ersatzweise 300 g Sahnequark und 200 g Crème fraîche, verwenden.

```
500 g Mascarpone
4 Eigelb
3 EL Zucker
2 Tassen Espresso
200 g Löffelbiskuits
500 g Erdbeeren
Ungesagtes Kakaopulver
```

1. Vier Eigelb mit dem Zucker in eine Schüssel geben, mit einem Rührgerät auf höchster Stufe schaumig schlagen.
2. Löffelweise Mascarpone unterziehen.
3. Zwei gut gefüllte Tassen Espresso kalt werden lassen.
4. Tortenring auf einen flachen Teller legen. Löffelbiskuits mit einem scharfen Messer so zuschneiden, dass ein gleichmäßiger, jeweils bis zu den Rändern reichender "Tortenboden" entsteht. Löffelbiskuits mit der Hälfte des Espressos beträufeln.
5. Die Hälfte der Erdbeeren in kleine Würfel schneiden und vorsichtig unter die Mascarponecreme heben.
6. Die Hälfte der Mascarponecreme auf den Löffelbiskuits verteilen und glatt streichen.
7. Übrige Biskuits zuschneiden und ebenfalls mit dem Espresso beträufeln.
8. Restliche Mascarponecreme darauf verteilen
9. Für mindestens drei Stunden in den Kühlschrank stellen. Vor dem Servieren mit Kakaopulver bestreuen und mit Erdbeeren dekorieren.

# ERDBEERTIRAMISU-TORTE
## cremiges Sommerdessert

Das Erdbeertiramisu lässt sich sehr gut und schnell vorbereiten, braucht allerdings eine längere Abkühlung im Kühlschrank. Es ist immer ein sehr willkommenes Mitbringsel auf einer Grillparty oder einem Familienfest.

*Tipp: Erdbeeren werden niemals unter fließendem Wasser gewaschen, denn der Wasserstrahl kann die empfindliche Oberfläche beschädigen und das Aroma ausschwemmen. Dies kann man vermeiden, indem man die Erdbeeren in einer Schüssel mit stehendem Wasser putzt. Die Blätter und der Strunk werden erst nach dem Waschen entfernt.*

# Weiße Mousse au Chocolat
## mit Zimt-Pflaumen

**Für 4 Personen**

- 200 ml Schlagsahne
- 3 Eiweiß
- 3 Eigelb
- 50 g Butter
- 40 g Zucker
- 200 g weiße Schokolade
- 5 Pflaumen als Mus
- 2 TL Zucker und Zimt
- 8 Pflaumen für das Topping
- 2-3 EL Nüsse, gehackt
- 1 EL Rohrzucker
- Zimt

1. In einem hohen Gefäß die Eiweiße steif schlagen, in einem extra Gefäß die Sahne ebenfalls steif schlagen. Die weiße Schokolade mit der Butter in eine Schüssel geben und über dem Wasserbad erhitzen, bis die Schokolade geschmolzen ist.
2. In der Zwischenzeit die Eigelbe mit heißem Wasser cremig schlagen, dabei den Zucker hineinrieseln lassen.
3. Die geschmolzene Schokolade zum Eigelb dazugeben und alles gleichmäßig miteinander vermischen. Nun das Eiweiß und die steife Sahne vorsichtig unter das Eigelbgemisch heben.
4. Für das Pflaumenmus Pflaumen mit einem Pürierstab pürieren und mit Zucker und Zimt abschmecken. Das Mus gleichmäßig auf vier Gläser verteilen, auch die Mousse au Chocolat gleichmäßig verteilen. Für das Topping die Pflaumen in kleine Würfel schneiden und mit etwas Butter in einer Pfanne erhitzen, mit braunem Rohrzucker karamellisieren und mit Zimt abschmecken.
5. Die Pflaumen kurz abkühlen lassen und als letzte Schicht auf die Mousse geben, mit gehackten Nüssen garnieren.

*Habt viel Spaß und genießt diese wunderbare Nachspeise!*

*Was wäre Weihnachten ohne ein Dessert – nein – ohne Mousse au Chocolat? Im Hause Leder ist das schon regelrecht Tradition – und mit weißer Schokolade und Pflaumenmus mal eine ganz neue Variation.*

Da weiße Schokolade sehr süß ist, habe ich ein leicht säuerliches Topping mit Pflaumen, die mit Zimt abgeschmeckt sind, zubereitet.

Diese himmlische weiße Mousse au Chocolat ist das Highlight bei jedem Weihnachtsessen. Und seien wir mal ehrlich: Wer mag denn keine Schokolade?

# Supersaftiger RHABARBER-AUFLAUF mit Kardamom

**Für 4 Personen**

6 Stangen Rhabarber
200 g Mehl
1/2 TL Kardamom
3/4 TL Backpulver
1 Prise Salz
2 Eier
1 Pck. Vanillezucker
3 EL Zucker
1 Vanilleschote
200 ml Buttermilch
2 EL Butter, zerlassen
1 EL brauner Zucker
Puderzucker

1. Backofen auf 180° C Umluft vorheizen.
2. Eine Stange Rhabarber für das Topping zur Seite legen.
3. Übrigen Rhabarber waschen, schälen und in Würfel schneiden.
4. Mehl, Kardamom, Backpulver und die Prise Salz in eine Schüssel geben und miteinander vermengen.
5. In einer weiteren Schüssel die Eier mit einem Handrührgerät schaumig schlagen.
6. Vanillezucker, Zucker, Vanillemark und Buttermilch dazugeben und vorsichtig miteinander vermengen.
7. Die Hälfte der Mehlmischung mit der zerlassenen Butter unterrühren und gleichmäßig verrühren.
8. Die zweite Hälfte der Mehlmischung dazugeben und nochmals miteinander vermengen.
9. Rhabarberwürfel vorsichtig unterheben.
10. Die übrige Rhabarberstange waschen, schälen und in etwa 5 cm lange Stücke schneiden, diese dann nochmals längs in Streifen schneiden.
11. Mehlmischung mit den Rhabarberstücken in eine Auflaufform geben.
12. Die Rhabarberstreifen als Topping obendrauf setzen und mit dem braunen Zucker bestreuen.
13. Für etwa 50 bis 60 Minuten im Backofen backen.
14. Wenn der Auflauf abgekühlt ist, kräftig mit Puderzucker bestreuen.

*Tipp: In ein feuchtes Tuch geschlagen hält sich Rhabarber im Kühlschrank zwei Tage. Er lässt sich auch einfrieren und ist dann bis zu sechs Monate haltbar.*

Dieser Auflauf schmeckt wunderbar als süßes, warmes Mittagessen oder kalt zum Kaffee.

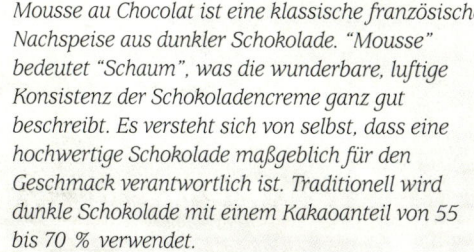

*Gut zu wissen ist auch: Je höher der Kakaoanteil in der Schokolade ist, umso fester wird die Mousse.*

*Mousse au Chocolat ist eine klassische französische Nachspeise aus dunkler Schokolade. "Mousse" bedeutet "Schaum", was die wunderbare, luftige Konsistenz der Schokoladencreme ganz gut beschreibt. Es versteht sich von selbst, dass eine hochwertige Schokolade maßgeblich für den Geschmack verantwortlich ist. Traditionell wird dunkle Schokolade mit einem Kakaoanteil von 55 bis 70 % verwendet.*

# MOUSSE AU CHOCOLAT

Für ca. 4 Personen

200 ml Schlagsahne
4 Eiweiß
4 Eigelb
50 g Butter
40 g Puderzucker
200 g Zartbitter-Schokolade (70 % Kakaoanteil)

1. In einem hohen Gefäß die Eiweiße steif schlagen, in einem extra Gefäß die Sahne ebenfalls steif schlagen.
2. Die Schokolade mit der Butter in eine Schüssel geben und über dem Wasserbad bei schwacher Hitze erwärmen, bis die Schokolade geschmolzen ist.
3. In der Zwischenzeit die Eigelbe mit heißem Wasser cremig schlagen, dabei den Puderzucker hineinrieseln lassen.
4. Die geschmolzene Schokolade zum Eigelb dazugeben und gleichmäßig miteinander vermischen. Nun das Eiweiß und die steife Sahne vorsichtig unter das Eigelbgemisch heben, auf keinen Fall schlagen oder rühren.
5. Die Mousse in eine flache Form oder gleichmäßig in Schälchen füllen.
6. Vor dem Servieren für etwa eine Stunde in den Kühlschrank stellen.
7. Je nach Geschmack kann die Mousse dann mit frischem Obst, Pistazienkernen oder Schokoraspeln serviert werden.

1. Ofen auf 170° C Grad Umluft vorheizen.
2. Mehl, Zucker, Ei und Butter in Flöckchen mit dem Knethaken des Handrührgerätes verrühren.
3. Mürbeteig mit den Händen glatt verkneten. Danach in Frischhaltefolie wickeln und für etwa 30 Minuten kalt stellen.
4. Mürbeteig etwas größer als die Springform rund ausrollen.
5. Den Teig in eine am Rand gefettete und mit Mehl ausgestäubte Springform geben, Mürbeteig-Rand andrücken.
6. Quark, Sahne, Frischkäse, Zucker, Speisestärke, Eier und das Mark einer Vanilleschote in einer Schüssel glatt rühren.
7. Die Quarkfüllung vorsichtig auf den Mürbeteigboden in die Kuchenform füllen.
8. Die Apfelspalten vorsichtig kreisförmig und überlappend oben auf die Quarkfüllung legen.
9. Apfelkuchen bei 170° C Umluft 35 Minuten backen, dann auf 140° C reduzieren, die Mandelblättchen mit dem Puderzucker gleichmäßig darauf verteilen und in weiteren zehn Minuten fertig backen.
10. Den Kuchen aus dem Ofen nehmen und in der Form vollständig auskühlen lassen.
11. Mit einem Messer die Kuchenaußenseite vorsichtig von der Backform lösen.

**Für den Mürbeteig für 1 Springform**

250 g Mehl
75 g Zucker
1 Ei (Größe M)
125 g Butter
4 säuerliche Äpfel, geviertelt und in Spalten geschnitten

**Für die Quarkfüllung**

500 g Magerquark
100 ml Sahne
100 g Frischkäse
100 g Zucker
50 g Speisestärke
2 Eier
1 Vanilleschote
3 EL Mandelblättchen
Puderzucker

# CREMIGER APFEL-QUARK-KUCHEN

*Ganz einfach ist dieser Kuchen zu backen.
Nach kurzer Abkühlzeit noch leicht lauwarm
genießen – einfach ein Traum.*

*Das Tolle an diesem Kuchen ist, dass ihr ihn auch jederzeit nach Lust und Laune mit
verschiedenen saisonalen Früchten zubereiten könnt. Besonders gut passend finde ich immer
etwas säuerlichere Früchte wie Johannisbeeren, Birnen oder im Frühjahr dann mit Rhabarber.*

# PANCAKES
## nicht nur zum Frühstück

1. Mehl, Zimt, Backpulver und Salz im Messbecher miteinander vermischen.
2. Honig, Milch, Quark, Eier und Vanilleextrakt in einer Schüssel verrühren, die Zutaten aus dem Messbecher vorsichtig in die Schüssel geben und gleichmäßig miteinander vermischen. So lange miteinander vermengen, bis keine Klümpchen mehr vorhanden sind.
3. Etwas Öl in einer Pfanne leicht erhitzen, Teig in einen kleinen Dessertring geben, kurz anbraten, dann den Ring nach oben abstreifen und den Pancake wenden. Wenn er fertig ist, herausnehmen und nochmals den Ring über den Pancake geben, um schöne und gleichmäßige Pancakes zu erhalten.
4. Je nach Belieben die Beeren mit dem Pürierstab zerkleinern, durch ein Sieb streichen und als Sauce servieren.

*Überall gibt es im Sommer gerade auf den Märkten verschiedene frische Beeren zu kaufen. Ob Himbeeren, Brombeeren, Johannisbeeren (auch Träuble genannt) oder Blaubeeren, eine reichliche Auswahl in Hülle und Fülle.*

240 g Mehl
1/4 TL Zimt
4 gestr. TL Backpulver
1/4 TL Salz
5 EL Honig
240 ml Milch
150 g Quark, 20 % Fettgehalt
2 Eier
1 TL Vanilleextrakt
Öl für die Pfanne
Beerenfrüchte

# ROTER FRUCHTSALAT
## mit Löffelbiskuits und Vanillepudding

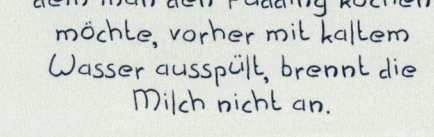

**Für 4 Personen**

1 l Milch
100 g Speisestärke
100 g Zucker
2 Eier
1 Vanilleschote
500 g Erdbeeren
400 g Kirschen
250 g Himbeeren
6 Löffelbiskuits
1 Stiel Zitronenmelisse

1. Esslöffel von der kalten Milch in eine Tasse geben, mit Speisestärke und Zucker glatt rühren.
2. Eier trennen, Eigelbe unter die Speisestärkemischung rühren.
3. Vanilleschote der Länge nach aufschneiden, dann das Mark auskratzen. Mark unter die restliche Milch rühren und vorsichtig aufkochen lassen, Topf zur Seite ziehen.
4. Speisestärkemischung unter die heiße Milch rühren und nochmals kurz aufkochen lassen. Topf vom Herd nehmen, Pudding in eine Schale geben und abkühlen lassen.

*Tipp: Wenn man den Topf, in dem man den Pudding kochen möchte, vorher mit kaltem Wasser ausspült, brennt die Milch nicht an.*

1. Vanillepudding zubereiten, in eine Schale geben.
2. Kirschen waschen, halbieren und den Stein entfernen.
3. Himbeeren und Erdbeeren eventuell mit einem Pinsel reinigen.
4. Löffelbiskuits grob zerbröckeln.
5. Die gesamten Früchte auf einen Teller oder in eine Schale geben. Zerbröckelte Löffelbiskuits vorsichtig unterheben und die abgezupften Blätter der Zitronenmelisse darüber streuen.
6. Pudding mit dem roten Fruchtsalat in die Mitte des Tisches stellen, damit sich jeder selbst bedienen kann, oder gleichmäßig auf Schälchen verteilen und servieren.

Ein fruchtiger und leichter Nachtisch, der sich bestens vorbereiten lässt. Er ist auch als Mitbringsel für die nächste Gartenparty ein wahrer Hit.

# Was & Wo

Hier findet ihr die Zutaten, die ich verwendet habe. So könnt ihr abhängig von euren Vorräten schauen, was ihr damit zubereiten könnt.

Apfel 60, 86, 148
Apfelmus 54, 102
Aprikosen 81
Aubergine 78, 90, 96
Avocado 78, 106, 114

Backpulver 142, 151
Balsamico-Essig 10, 21, 52, 54, 60, 66, 72, 74, 78, 83, 84, 85, 96, 108
Basilikum 10, 73, 81, 101, 102, 115
Baguette 25, 114
Bauchspeck 25
Beerenfrüchte 151
Beluga-Linsen 86
Blattpetersilie 31, 62, 66, 88, 108, 118, 121, 130
Blattsalat 54, 66
Blattspinat (Baby) 50, 31
Brombeeren 134
Brot 88
Burrata 102
Butter 10, 12, 42, 45, 94, 138, 142, 145, 148
Buttermilch 142
Butterschmalz 54

Champignons 96, 113, 115
Cocktailtomaten 130
Cranberrys 19
Crème fraîche 31
Chiliflocken 32, 50, 58
Chilischote 18
Currypulver 50

Dill 130

Ei 45, 54, 113, 136, 138, 142, 145, 148, 151, 152
Erbsen 126
Erdbeeren 136, 152
Espresso 62, 136

Feigen 74
Feldsalat 54
Fenchelknolle 105
Frischkäse 114, 148,
Frühstücksspeck 52
Frühlingszwiebeln 50
Fusilloni 108

Gemüsebrühe 25, 26, 31, 32, 36, 58, 68, 106, 124
Gewürzessig 68
Gewürznelken 40
Gin 32
Granatapfel 84
Granatapfelkerne 19, 115
Greyerzer-Käse 25

Hackfleisch 42, 45, 62
Hähnchenkeulen 56
Hähnchenschlegel 26, 46
Heckengäu-Linsen 85
Hokkaidokürbis 31, 113
Honig 151
Hörnchennudeln 25

Ingwer 31, 50, 58

Joghurt (natur) 108

Kaffeepulver 83
Kakaopulver 136
Kapern 118
Kardamom 40, 58, 142
Karotten 10, 14, 25, 26, 81, 88, 106, 124
Kartoffeln 86
Keimlinge 134
Kichererbsen 31, 40, 46, 81, 88, 90
Kichererbsenmehl 113
Kirschen 152

Kirschtomaten 50, 52, 54, 66, 74, 78, 96, 108, 115, 121
Knoblauch 10, 40, 42, 56, 58, 124
Kohlrabi 25,
Kokosmilch 50
Kopfsalat 46, 81
Koriander 40, 58
Korianderkörner 83
Kümmel 40
Kümmelsaat 83
Kresse 32, 66, 86, 106, 115
Kreuzkümmel 31, 58
Kurkuma 31, 58

Lachs (Filet) 124, 130
Lauch 14, 25, 26, 30
Laugenbrötchen 45
Lauchzwiebel 84
Limettensaft 50,124
Linsen (rote) 106
Löffelbiskuits 136, 152
Lorbeerblätter 10, 25

Mandelblättchen 148
Mango 18
Mangold (gelb) 78
Maultaschen 66
Maracuja 74
Mascarpone 36, 106, 136
Mehl 13, 148, 151
Milch 45, 151, 152
Mozzarella 52
Mozzarellakügelchen 72, 74, 96
Muschelnudeln, 101
Muskatnuss 36, 40, 113, 126

# Was & Wo

Nelken 58
Nüsse 138

Oktopus 121
Oliven 104, 113
Olivenöl 10, 18, 19, 21, 31, 36, 40, 45, 46, 54, 56, 58, 60, 62, 66, 73, 74, 78, 81, 86, 88, 90, 94, 96, 101, 102, 105, 106, 108, 115, 118, 121, 124, 126, 130, 150
Oregano 62, 126
Orangen (Bio) 30, 36, 85

Paniermehl 42
Paprikaschoten 46, 50, 52, 66, 78, 96
Paprikapulver 31, 62, 83
Parmaschinken 102, 108
Parmesan 25, 42, 54, 94, 101, 105
Pasta 105
Peperoni 121
Petersilie 14, 26, 45, 90, 124
Petersilienwurzel 14
Pflaumen 138
Piment 58
Pimientos 102
Pinienkerne 73
Pistazien 101, 115
Pizzateig 102
Puderzucker 142, 145, 148
Putenbrust 60, 73
Putengulasch 36, 50
Putenschnitzel 52, 54, 58

Quark (mager) 148, 151

Radicchio 54, 85
Radieschen 68
Reis 78
Riesenbohnen 36

Rhabarber 142
Rindergulasch 40
Rosenkohl 32
Rosmarin 25, 56, 106, 113, 126
Rohrzucker 138
Rotkrautkopf 86
Rucola 74, 85, 88, 105, 114, 126,

Safranfäden 124
Sahne 32, 36, 58, 62, 78, 90, 124, 138, 145, 148
Salami (Baguette) 115
Salatgurke 68
Salatkartoffeln 68
Salatdressing 80
Salatöl 68
Salbei 42
Sardellen 121
Schafskäse 46, 60, 62, 73, 78, 81, 88, 113
Schalotten 56, 62, 83, 108, 121
Schokolade 138, 145
Schnittlauch 81
Schwarzwälder Schinken 68
Schweinerückenbraten 42
Sellerie 14
Sellerieknolle 26
Semmelbrösel 45, 54, 94
Senf 50, 54, 68
Senfkörner 83
Serranoschinken 60
Sesam 86
Spaghetti 106
Spargel 78, 126
Speisestärke 148, 152
Steinbeißer 118
Suppennudeln 26
Süßkartoffeln 36, 46, 62

Thunfisch 126
Thymian 10, 25, 31, 36, 60, 105, 126
Tomaten 10, 18, 24, 40, 73, 83, 94, 102, 106, 118
Tomaten (getrocknet) 105, 106
Tomatenmark 52, 62, 58, 124
Trockengewürze 62

Vanilleschote 142, 148, 152
Vanillezucker 142
Vanilleextrakt 151

Weintrauben 60
Weißwein 36

Ziegenkäserolle 134
Ziegenweichkäse 115
Zitrone 18, 19, 76, 78, 115, 118, 121, 126, 130
Zitronenmelisse 152
Zitronensaft 90, 101, 126
Zimt 40, 113, 138, 151
Zucchini 42, 58, 76, 78, 96, 113, 124
Zucker 10, 21, 31, 83, 86, 136, 138, 142, 148, 152
Zwiebeln 10, 14, 18, 19, 25, 31, 36, 40, 42, 45, 58, 86, 106, 115, 118, 124

155

In jeder Ausgabe meiner Zeitschrift ist eines von Juttas köstlichen Rezepten zu finden. Außerdem gibt es noch viele Dinge zum Basteln, Tagebuchgeschichten sowie Artikel rund um Antikes, schönes Wohnen, Garten, Achtsamkeit und Reisen.

Alles Liebe, Daphne

Meine Zeitschrift gibt es im Abonnement, man kann aber auch die einzelnen Hefte im Handel kaufen oder im Internet auf meiner Webseite bestellen.

**www.daphnesdiary.com**

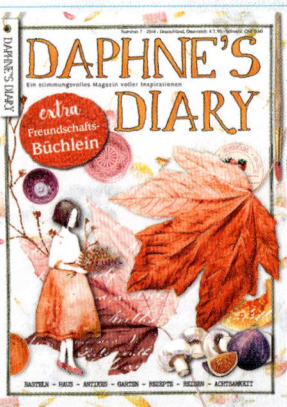
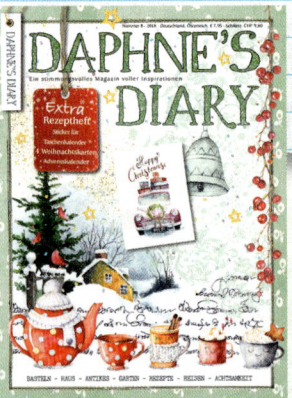
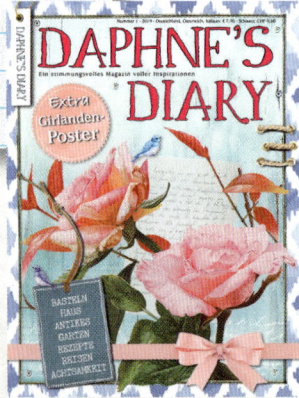
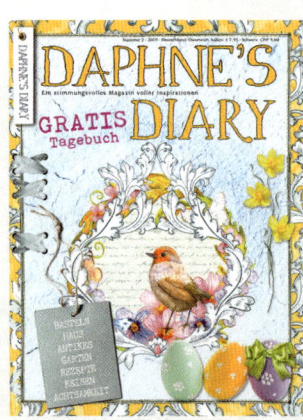
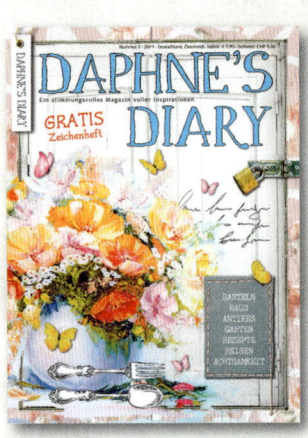
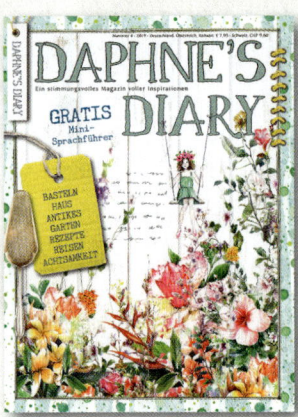
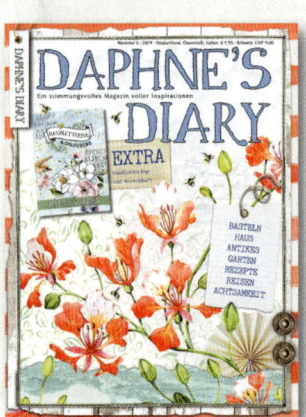
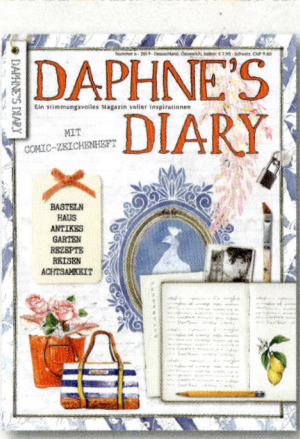

Titel: Daphne's Diary Kochen, Backen und Braten mit Jutta Leder
Rezepte, Zubereitung, Styling und Fotos: Jutta Leder
Layout: Henk Bemboom
Lektorat: Ingrid Stollenmayer
Verlag: Bemboom B.V., Hilversum, Niederlande
Copyright: © Bemboom B.V. / © Daphne's Diary B.V.
www.daphnesdiary.com
ISBN: 978-3-7724-7265-7
EAN: 9783772472657

*Rezeptzutaten, Materialangaben und Arbeitshinweise in diesem Buch wurden von der Autorin und den Mitarbeitern des Verlags sorgfältig geprüft. Eine Garantie wird jedoch nicht übernommen. Autoren und Verlag können für eventuell auftretende Fehler oder Schäden nicht haftbar gemacht werden. Das Werk und die darin gezeigten Modelle und Rezepte sind urheberrechtlich geschützt. Die Vervielfältigung und Verbreitung ist untersagt und wird zivil- und strafrechtlich verfolgt. Dies gilt insbesondere für eine Verbreitung des Werkes durch Fotokopien, Film, Funk und Fernsehen, elektronische Medien und Internet sowie für eine gewerbliche Nutzung der gezeigten Modelle und Rezepte.*

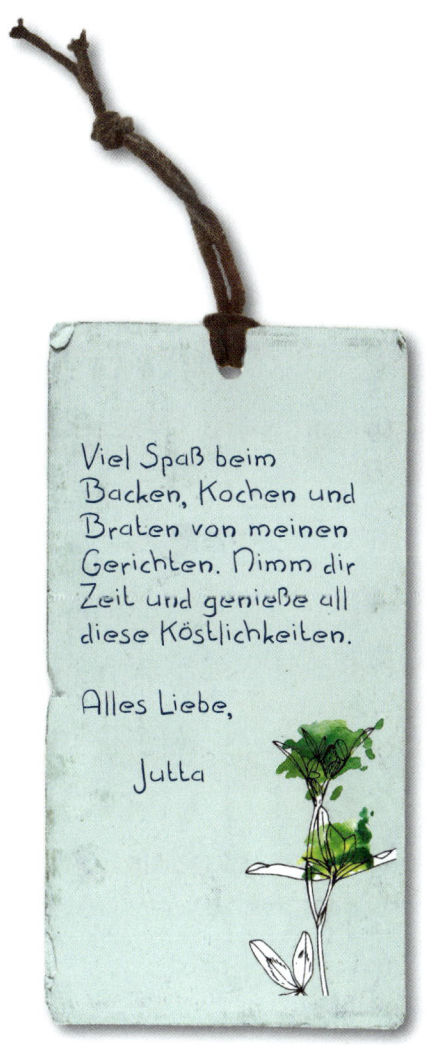